JULIAN FLORES FIGUEROA

Python y Django: De lo básico a web avanzado

JULIAN FLORES FIGUEROA

Python y Django: De lo básico a web avanzado

Domina Python y Django: De básico a web pro

Editorial Académica Española

Imprint
Any brand names and product names mentioned in this book are subject to trademark, brand or patent protection and are trademarks or registered trademarks of their respective holders. The use of brand names, product names, common names, trade names, product descriptions etc. even without a particular marking in this work is in no way to be construed to mean that such names may be regarded as unrestricted in respect of trademark and brand protection legislation and could thus be used by anyone.

Cover image: www.ingimage.com

Publisher:
Editorial Académica Española
is a trademark of
Dodo Books Indian Ocean Ltd. and OmniScriptum S.R.L publishing group

120 High Road, East Finchley, London, N2 9ED, United Kingdom
Str. Armeneasca 28/1, office 1, Chisinau MD-2012, Republic of Moldova, Europe
Printed at: see last page
ISBN: 978-613-9-40512-1

GUÍA INTEGRAL DE PYTHON Y DJANGO: DESDE LOS CONCEPTOS BÁSICOS HASTA EL DESARROLLO WEB AVANZADO

INDICE

INTRODUCCIÓN

Este documento constituye una guía exhaustiva y detallada sobre la programación en Python, abordando desde su instalación hasta el uso avanzado de Django, un robusto framework web. Está diseñado para proporcionar una comprensión clara y práctica tanto a principiantes que se inician en el mundo de la programación como a desarrolladores experimentados que buscan consolidar y expandir sus conocimientos.

Python, reconocido por su simplicidad y legibilidad, se ha convertido en uno de los lenguajes de programación más populares y versátiles en el ámbito tecnológico actual (Van Rossum & Drake, 2009). Este manual comienza con una explicación meticulosa de los pasos necesarios para la instalación de Python (pág. 8), asegurando que el entorno de desarrollo esté correctamente configurado. A continuación, se detallan los procedimientos para comprobar la instalación (pág. 11) y se incluye un video explicativo (pág. 13) que visualiza el proceso.

Una vez que el entorno de Python está listo, se aborda la instalación de PyCharm (pág. 14), uno de los entornos de desarrollo integrados (IDE) más populares para Python (JetBrains, 2023). Se ofrece también un video guía (pág. 17) para facilitar este proceso. Con PyCharm instalado, el documento guía al lector a través de la creación de su primer programa (pág. 18), proporcionando una base sólida sobre la que construir conocimientos más avanzados.

El manual progresa hacia conceptos fundamentales de programación en Python, como la declaración de variables (pág. 20), tipos de datos (pág. 22) y el manejo de cadenas (pág. 24). Se incluyen temas esenciales como tipos booleanos (pág. 27), entrada y conversión de datos (págs. 30-31), y una amplia gama de operadores (págs. 32-40), ofreciendo ejemplos prácticos y claros.

Las sentencias de control (págs. 41-45) y los ciclos (págs. 45-49) son cubiertos en profundidad, seguidos por una exploración detallada de colecciones (pág. 52), listas (pág. 55), tuplas (pág. 58), sets (pág. 62) y diccionarios (pág. 65).

Estos capítulos están diseñados para equipar al lector con las herramientas necesarias para manejar datos de manera eficiente y efectiva (Lutz, 2013).

La sección sobre clases y objetos (pág. 73) proporciona una introducción comprensiva a la programación orientada a objetos en Python. Se discuten temas como la creación de clases (pág. 76), el uso del parámetro self (pág. 85), encapsulamiento (pág. 89) y los métodos GET y SET (pág. 93). Se presentan ejemplos prácticos para ilustrar cada concepto (Zelle, 2004).

En el ámbito de la conexión a bases de datos (pág. 122), se explica cómo integrar Python con PostgreSQL utilizando la biblioteca psycopg2 (pág. 124), con ejemplos que cubren operaciones CRUD (Crear, Leer, Actualizar, Eliminar) (Kreps, 2020). Este conocimiento es fundamental para el desarrollo de aplicaciones que requieren almacenamiento y manipulación de datos.

Finalmente, se introduce Django (pág. 148), uno de los frameworks más potentes para el desarrollo web con Python. Se guía al lector a través de la instalación de Django (pág. 148), la creación de proyectos y aplicaciones (pág. 149), y la gestión de modelos y migraciones (págs. 160-169). Se cubren aspectos clave como la creación de vistas (pág. 157), templates (pág. 174) y la integración de información dinámica utilizando el patrón MVT (Modelo-Vista-Plantilla) (pág. 182) (Holovaty & Kaplan-Moss, 2009).

Este documento es una herramienta valiosa para cualquiera que desee dominar Python, desde los conceptos básicos hasta el desarrollo web avanzado con Django, proporcionando un camino claro y estructurado hacia la competencia en este lenguaje de programación esencial.

INSTALACIÓN DE PYTHON

- Lo que haremos, será realizar la instalación de Python, para poder hacerlo nos deberemos dirigir a nuestro navegador y colocar la frase "**`Download Python`**"
    - Nos mostrará una serie de resultados, sin embargo nosotros nos dirigiremos a la siguiente **URL**: https://www.python.org/downloads/

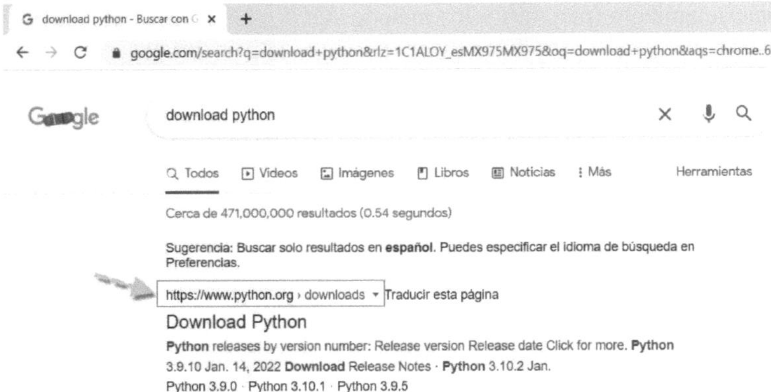

- Una vez posicionados en la página de Python, notaremos que nos muestra la última version disponible, para lo cual nosotros pulsaremos un click sobre la version que nos recomienda en este caso será la **`version 3.10.2`**

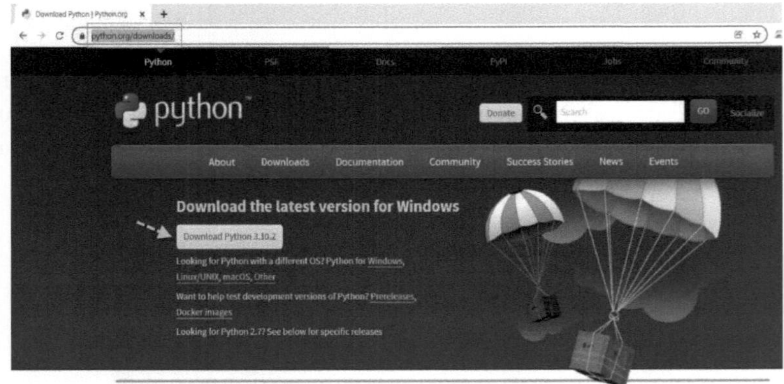

- Notaras que al momento de iniciar la descarga, en la parte inferior izquierda de la ventana de tu navegador, se muestra el progreso de la misma

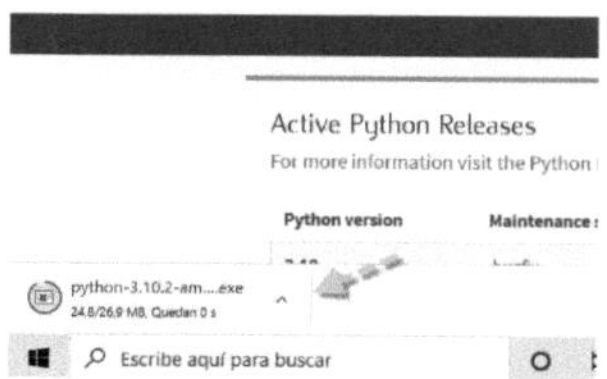

- Finalizado el proceso de descarga podremos notar que nos ha liberado un archivo instalador, el cual deberemos **`ejecutar como administrador`**, con la finalidad de iniciar con el proceso de instalación

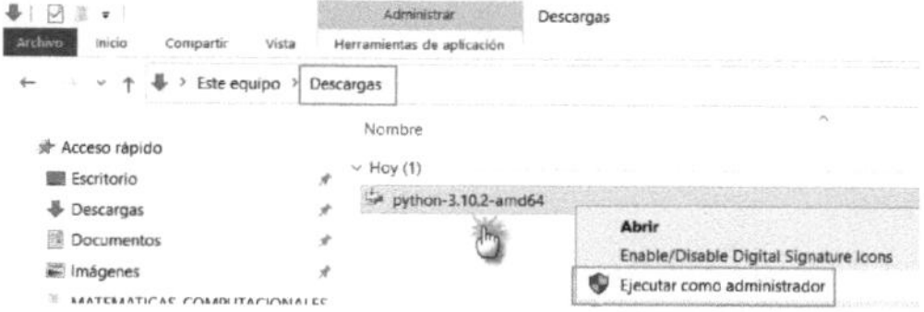

- Al momento de ejecutarse el asistente para la instalación, nos mostrara una ventana desde donde nosotros seleccionaremos:
    - *La opción para instalar para todos los usuarios de la computadora, además de agregar Python al path.*
    - *Para iniciar con el proceso seleccionaremos la opción* ***`Instalación Personalizada`***

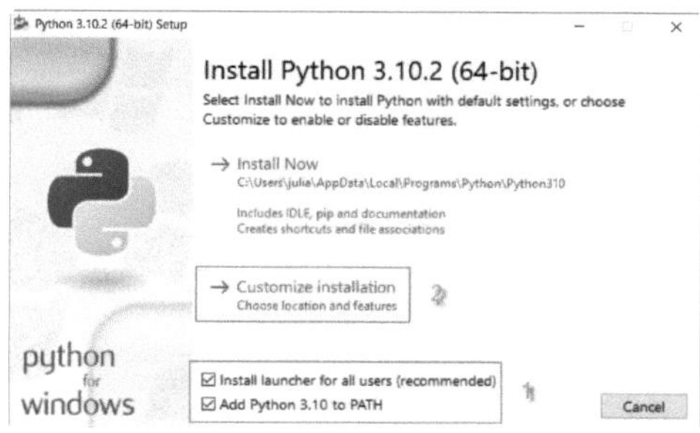

- Con la finalidad de evitar conflictos en la ejecución, vamos a permitir la selección de las opciones que se nos brindan de manera predeterminada

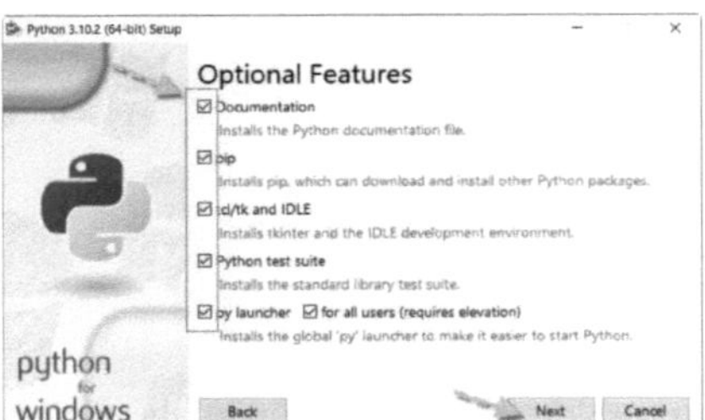

- En la ventana que hace referencia a las opciones avanzadas, es importante seleccionar la opción "`Install for all users`", de tal manera que ya no deberemos tener conflictos en el proceso de instalación, con respecto a la ruta instalación, respetaremos la que nos brinda de manera predeterminada Python

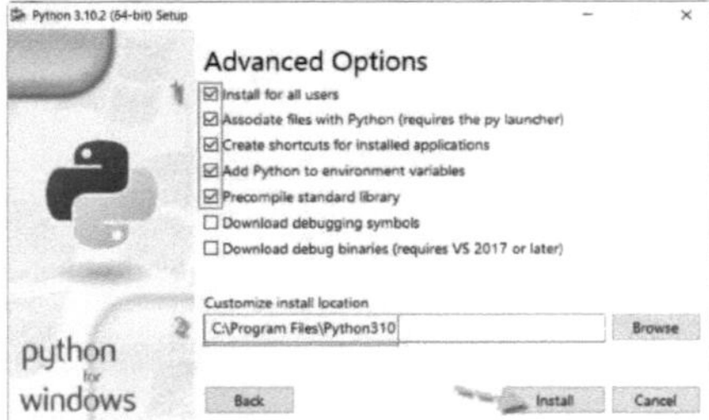

- Podremos observar que inicia el proceso de instalación con las configuraciones que hemos establecido

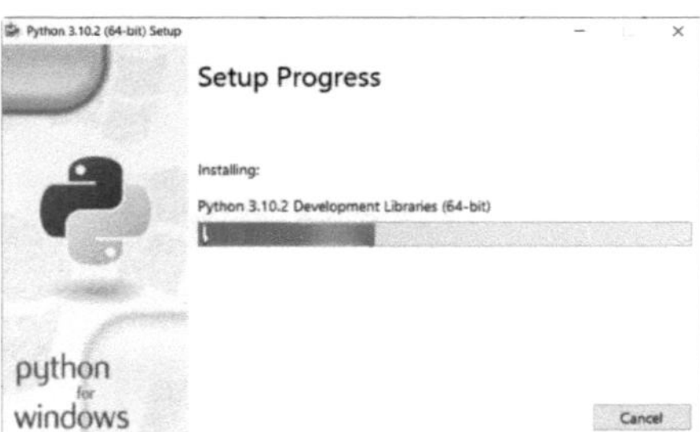

- Una vez que ha concluido el proceso, podremos observar que nos muestra con el estatus del proceso, para lo cual bastara con solo cerrar la ventana

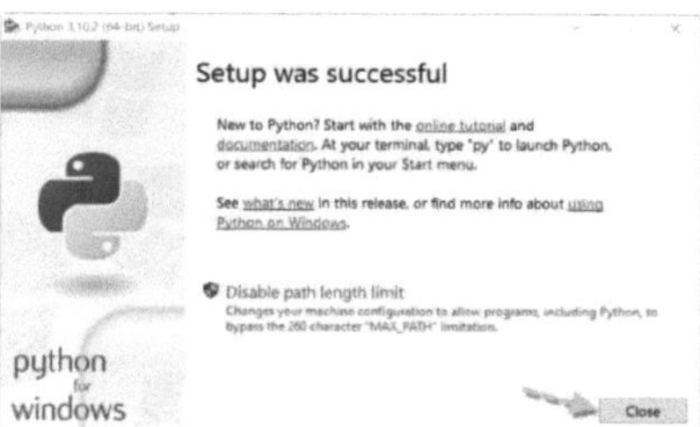

COMPROBAR LA INSTALACIÓN DE PYTHON

- Lo que haremos, será crear un directorio de trabajo, el cual tendrá por nombre **`ProyectosPython`**

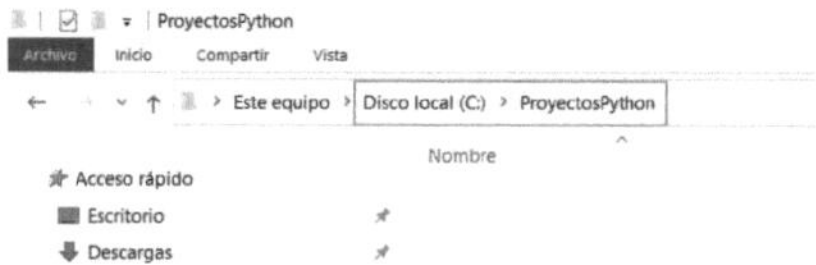

- Ingresaremos al directorio que hemos creado, sin embargo lo haremos utilizando el símbolo del sistema
    - Es importante ingresar como Administrador al símbolo del sistema

- Una vez que te encuentras en la ruta mencionada, utilizaras el block de notas con la finalidad de crear un pequeño ejemplo utilizando el block de notas

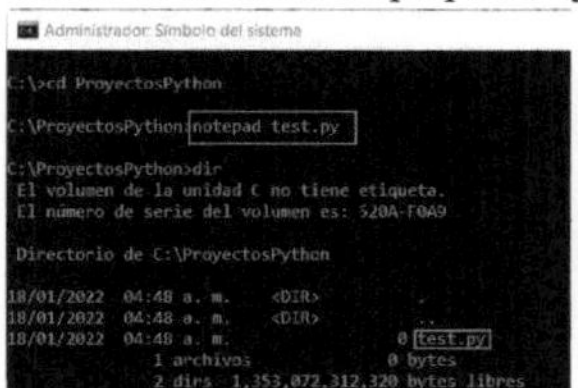

- Se ejecuta el comando, lo cual crea un archivo en el block de notas, el cual utilizaremos para la realización del ejemplo

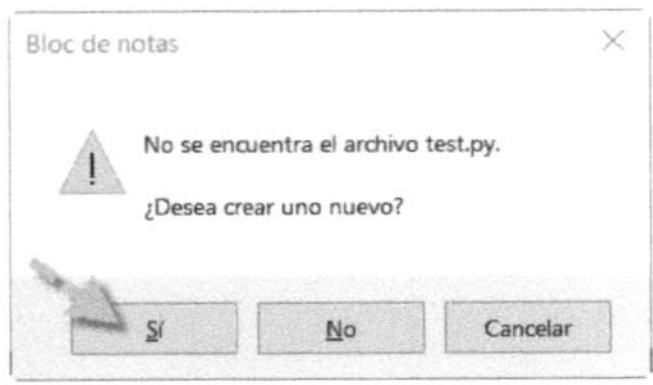

- Se mostrará un documento en el cual colocaras las siguientes instrucciones

- Al finalizar deberás guardar los cambios

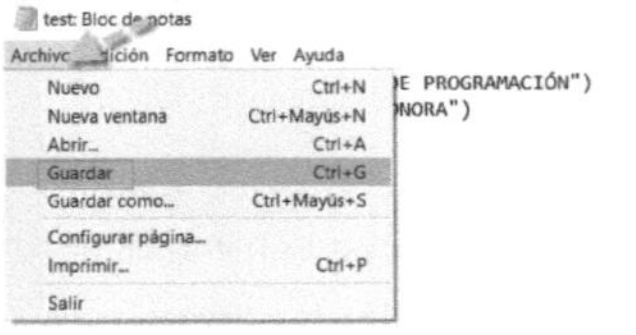

EJECUTAR

Para poder ejecutar el archivo, bastara con ingresar la ruta y colocar:

- Palabra reservada **python**
- Seguido en nombre del archivo que hemos creado
- Podrás observar que se ejecutan las instrucciones, haciendo uso del interprete

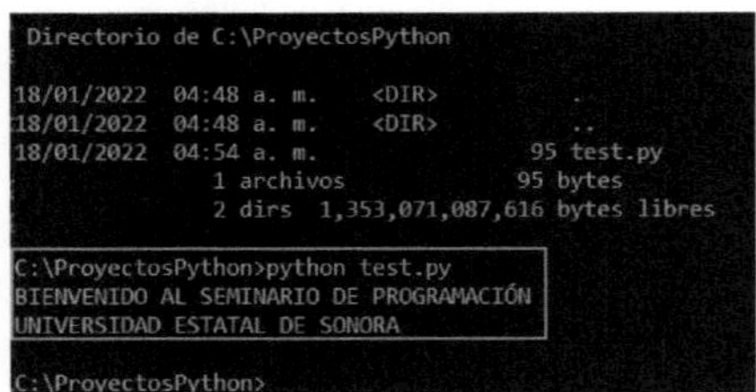

- Otra forma de comprobar nuestra instalación, es dirigirnos por medio del símbolo del sistema al usuario, desde donde ejecutaremos el comando "`python`"
    - Utilizando la instrucción "`print`", enviaremos un mensaje

```
Símbolo del sistema - python
Microsoft Windows [Versión 10.0.19043.1466]
(c) Microsoft Corporation. Todos los derechos reservados.

C:\Users\julia>python
Python 3.10.2 (tags/v3.10.2:a58ebcc, Jan 17 2022, 14:12:15) [MSC v.1929 64 bit (AMD64)] on win32
Type "help", "copyright", "credits" or "license" for more information.
>>> print("BIENVENIDOS AL SEMINARIO DE PROGRAMACIÓN")
BIENVENIDOS AL SEMINARIO DE PROGRAMACIÓN
>>>
```

VIDEO QUE MUESTRA EL PROCESO DE INSTALACION DE PYTHON

Pulse un click sobre la **URL**, para poder tener acceso al video: https://youtu.be/Z49CH-eCnGU

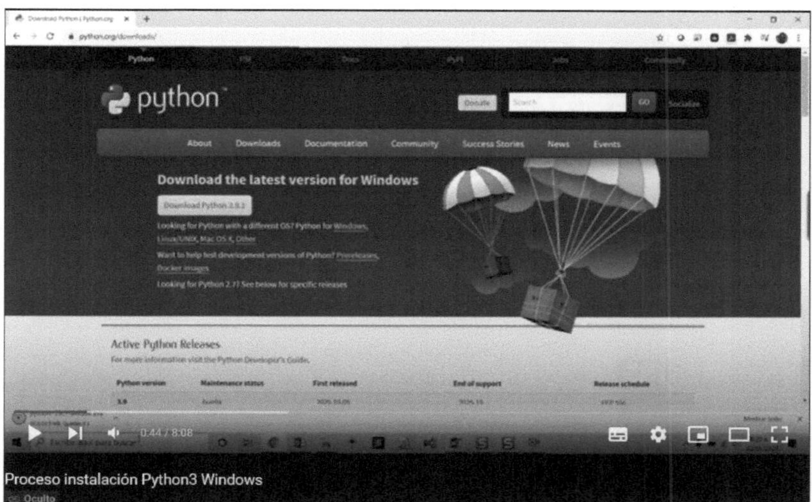

INSTALACIÓN DE PYCHARM

- Lo siguiente que deberemos hacer, es realizar la instalación del **IDE** [1]de **PyCharm**
- Para iniciar con el proceso, nos dirigiremos a nuestro navegador, en donde colocaremos la frase "**Download PyCharm**"
    - Nos mostrará una serie de resultados, sin embargo nosotros deberemos seleccionar la **URL** https://www.jetbrains.com

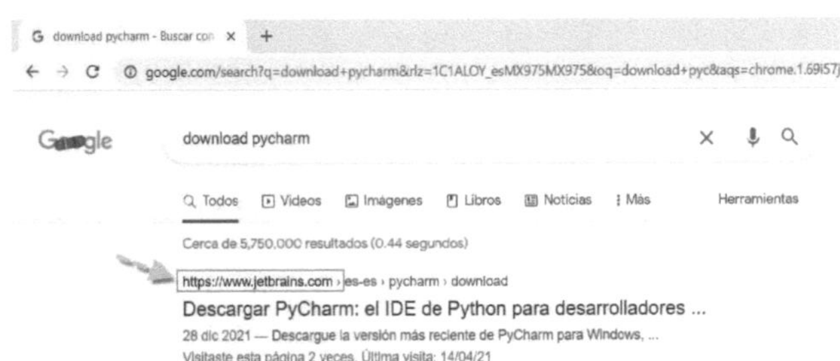

- Una vez que hemos ingresado a la **URL**, podremos notar que nos muestra dos versiones para descargar son la versión profesional y la comunitaria, para el desarrollo del presente curso, seleccionaremos la opción "**Community**"

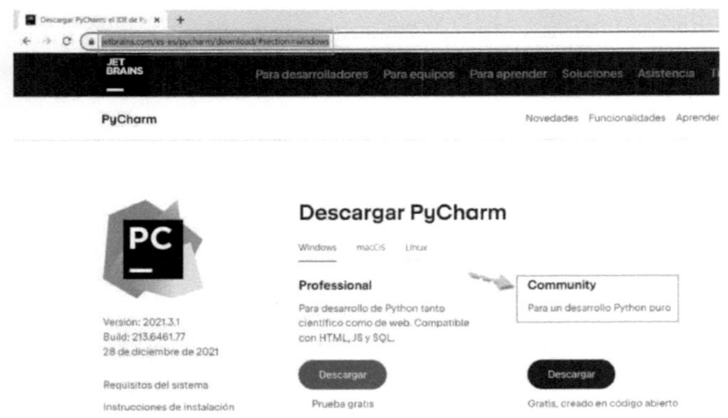

[1] Integrated Development Environment

- En la parte inferior izquierda desde la ventana del navegador, podremos observar que inicia el proceso de descarga del paquete instalador

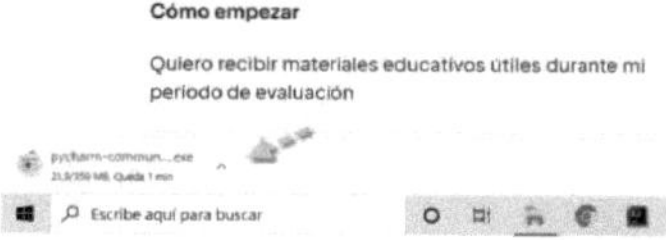

- Localizaremos el paquete instalador y lo ejecutaremos en modo administrador del sistema

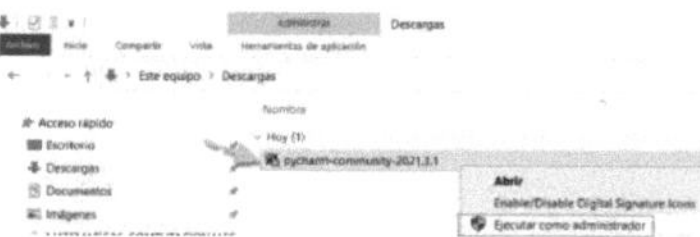

- Una vez que hemos ejecutado el archivo instalador, podremos darnos cuenta que se apertura una ventana lo cual es un asistente que nos guiara en el proceso

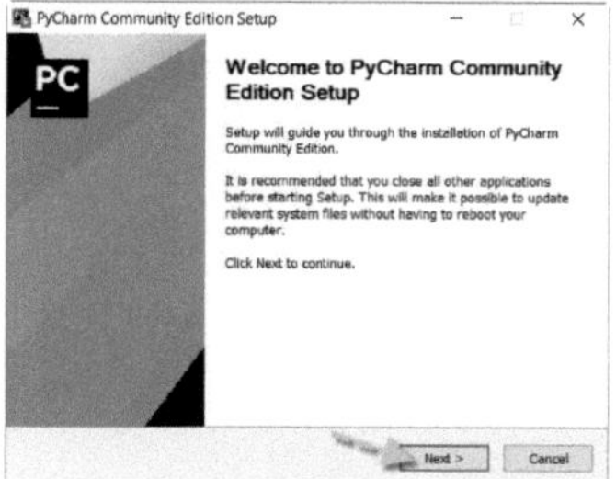

- En la siguiente ventana podremos observar que se muestra la ruta en la cual se alojara nuestra instalación, además de mostrarnos los requerimientos de espacio para este proceso

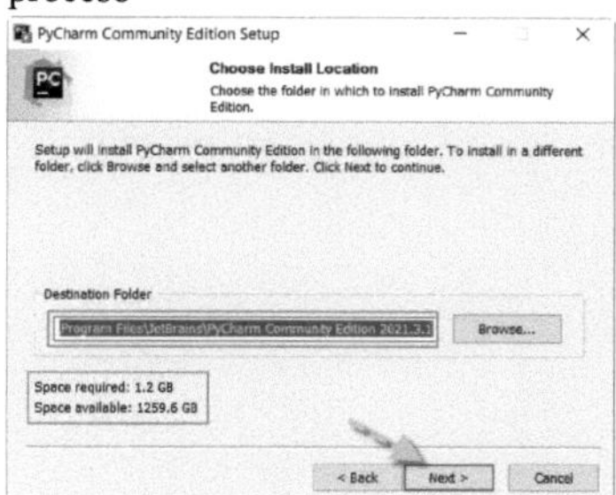

- En la siguiente ventana podremos observar que nos permite seleccionar opciones, las cuales nos facilitaran la interacción con el **IDE**, para el desarrollo de la presente práctica solamente pulsaremos el botón que se identifica con el nombre "**Next**"

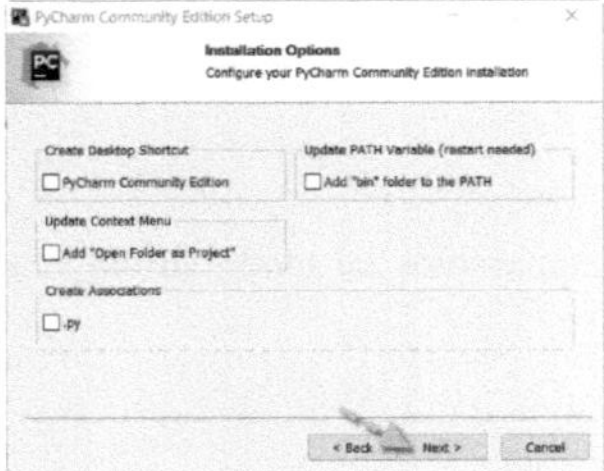

- Nos muestra una siguiente ventana, desde donde podremos permitir que se genere un acceso directo en el menú inicio, para nuestro caso pulsaremos un click sobre el botón que se identifica con el nombre "**install**" con la finalidad de iniciar con el proceso

- Podremos observar como inicia el progreso de la instalación de los paquetes necesarios para el **IDE** de **PyCharm** con el cual trabajaremos nuestros proyectos

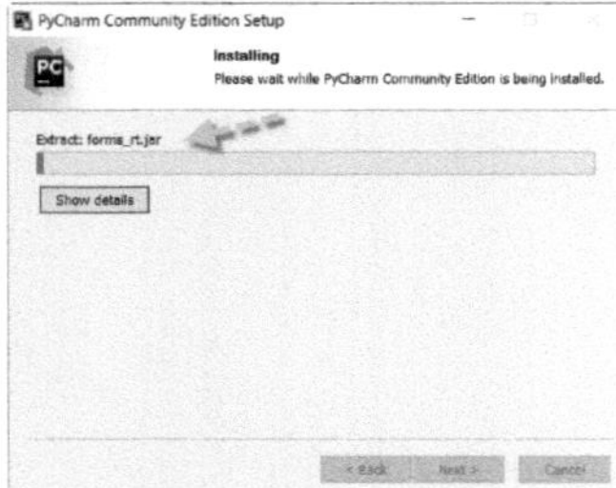

- Finalizado el proceso nos muestra una ventana que nos permite seleccionar la ejecución del **IDE**

- Una vez que se completa la ejecución podemos observar la interface principal de **PyCharm**

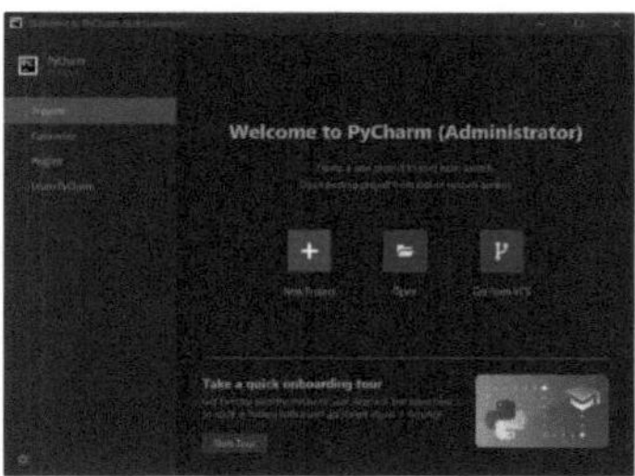

VIDEO QUE MUESTRA EL PROCESO DE INSTALACION DE PYCHARM

Pulse un click sobre la **URL**, para poder tener acceso al video: https://youtu.be/XMsfYYTlB3s

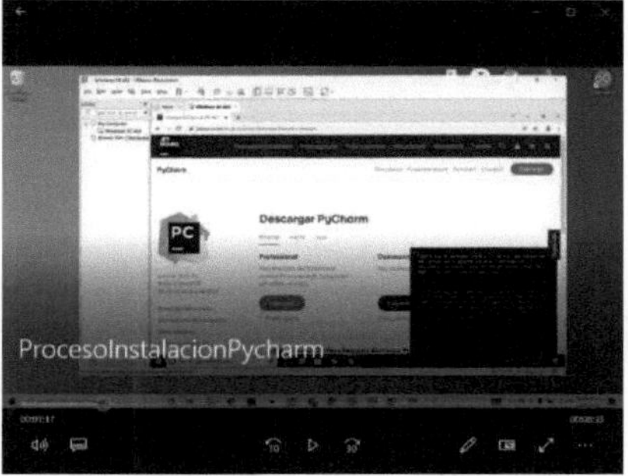

ELABORACION DE PRIMER PROGRAMA CON PYCHARM

- Es importante que **generemos un directorio** el cual será el **`contenedor`** del proyecto que vamos a generar

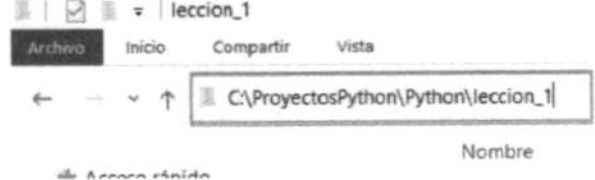

- Lo siguiente que haremos, será pulsar un click en el botón que se identifica con el nombre "**`New Project`**"

- Nos mostrará una siguiente ventana que es el lugar donde vamos a seleccionar la **ruta contenedora para nuestros proyectos**, el resto de los parámetros los dejamos tal y como nos lo configura el asistente
    - Podrás notar que de manera automática se genera un ambiente virtual (**`Virtualenv`**), este entorno virtual nos servirá para poder crear herramientas necesarias para la creación de los proyectos

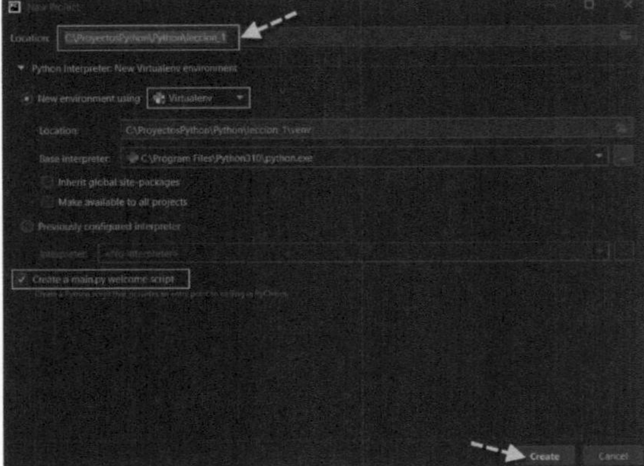

- Podremos observar que inicia el proceso de creación del **ambiente virtual**

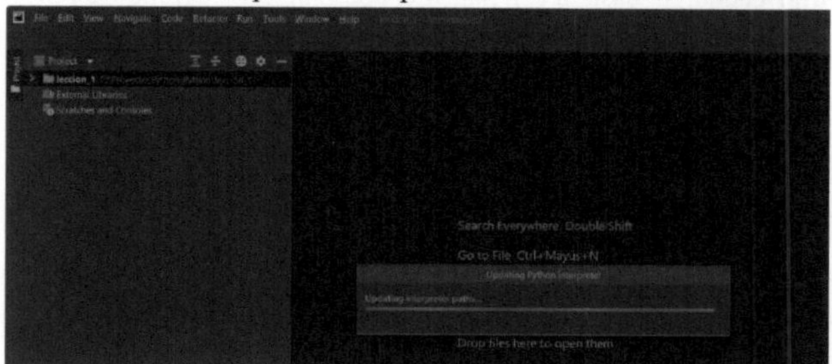

- Notaras que de manera predeterminada, se genera el archivo que se identifica con el nombre **`Main.py`**
    - Notaras que contamos con un directorio el cual hace referencia a nuestro entorno virtual (**`venv`**)
    - En el archivo **`main.py`**, notaras que contamos con un código base el cual podremos eliminar

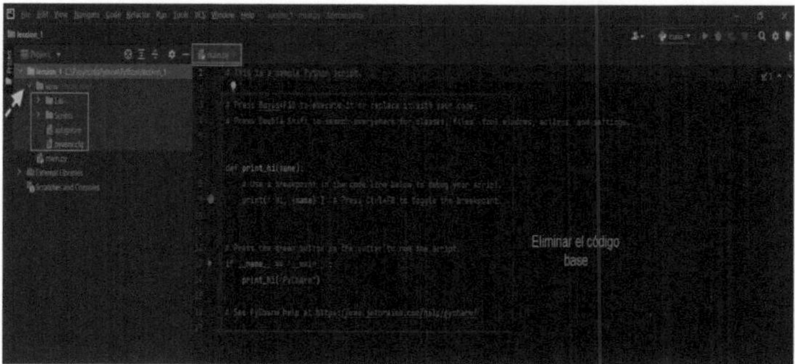

- Una vez que hemos eliminado el código base, generaremos nuestro código con el cual enviaremos un mensaje utilizando la función "**`print`**", con lo cual enviaremos información hacia la consola

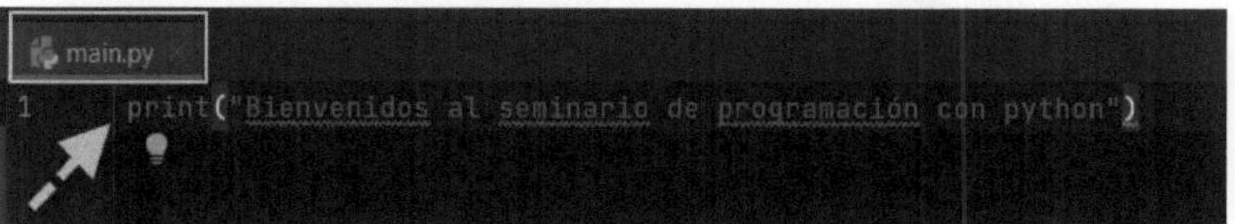

- Para **ejecutar** el código, bastara con pulsar el botón derecho del mouse con lo cual se desplegara un menú contextual, desde donde seleccionaremos la opción "`Run main`"

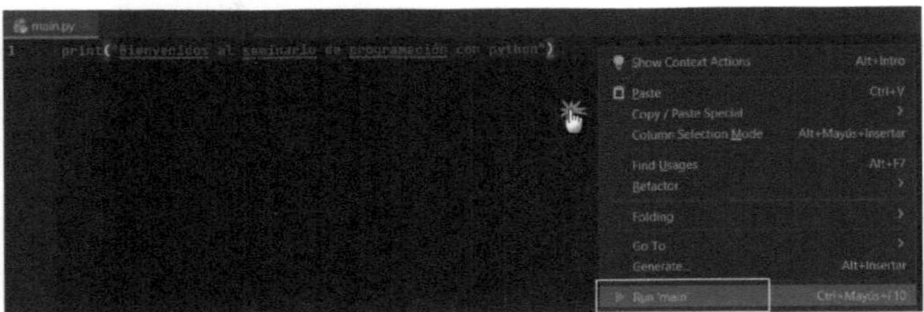

- Nos mostrará una salida en donde nos informa:
  - Que Python se ha instalado en nuestro ambiente virtual (`venv`)
  - En nuestra mano derecha observamos la ruta que hemos creado y es donde está alojado nuestro archivo principal, el cual identificaremos con el nombre `main.py`

DECLARACIÓN DE VARIABLES

En Python, la declaración de variables es un proceso fundamental para asignar nombres a valores almacenados en la memoria. Aquí está la sintaxis detallada para declarar variables en Python:

1. **Asignación de valores:** La asignación de valores a variables se realiza utilizando el operador de asignación =. Este operador asigna el valor a la variable a su izquierda.

```
variable = valor
```

2. **Nombres de variables:** Los nombres de las variables pueden contener letras (mayúsculas o minúsculas), dígitos y guiones bajos, pero no pueden comenzar con un dígito. Además, Python distingue entre mayúsculas y minúsculas, por lo que nombre, Nombre y NOMBRE son nombres de variables diferentes.

```
nombre = "Juan"      nombre es una cadena de caracteres (string)
edad = 25            edad es un número entero (integer)
```

```
altura = 1.75      altura es un número decimal (float)
```

3. **Tipos de datos dinámicos:** Python es un lenguaje de tipado dinámico, lo que significa que no es necesario declarar explícitamente el tipo de una variable. Python infiere el tipo de datos automáticamente según el valor que se le asigna.

```
nombre = "Juan"      nombre es una cadena de caracteres (string)
edad = 25            edad es un número entero (integer)
altura = 1.75        altura es un número decimal (float)
```

4. **Múltiples asignaciones:** Se pueden asignar valores a múltiples variables en una sola línea separando cada asignación con comas.

```
a, b, c = 5, 10, 15
```

5. **Asignación múltiple:** Se puede asignar un mismo valor a múltiples variables en una sola línea.

```
x = y = z = 0
```

6. **Reglas para nombrar variables:**
   - Los nombres de las variables deben ser descriptivos y significativos.
   - No pueden ser palabras reservadas del lenguaje, como **if, else, for, etc.**
   - Se recomienda seguir la convención **snake_case** para nombrar variables (es decir, usar minúsculas y guiones bajos para separar palabras en nombres de variables compuestos).

   ```
   nombre_completo = "Juan Pérez"
   ```

EJEMPLO: DECLARACIÓN DE VARIABLES

```
# Declaración de variables
nombre = "Juan"           # Variable para almacenar el nombre
edad = 25                 # Variable para almacenar la edad
altura = 1.75             # Variable para almacenar la altura en metros
es_estudiante = True      # Variable booleana para indicar si la persona es estudiante o no

# Mostrar información personal
print("Información personal:")
print("Nombre:", nombre)          # Imprimir el nombre
print("Edad:", edad, "años")      # Imprimir la edad seguida de la unidad "años"
print("Altura:", altura, "metros")   # Imprimir la altura seguida de la unidad "metros"

# Verificar si es estudiante y mostrar el mensaje correspondiente
if es_estudiante:
    print(nombre, "es estudiante.")     # Si es estudiante, imprimir un mensaje indicando que lo es
else:
    print(nombre, "no es estudiante.")     # Si no es estudiante, imprimir un mensaje indicando que
no lo es
```

EXPLICACIÓN

1. Se declaran variables para el nombre (cadena de texto), la edad (número entero), la altura (número decimal) y un indicador de estudiante (booleano).
2. Se utiliza la función print para mostrar información personal utilizando las variables declaradas.
3. Se utiliza una estructura condicional (if) para verificar si la persona es estudiante o no, y se imprime un mensaje en consecuencia.

VISUALIZACIÓN DEL EJEMPLO

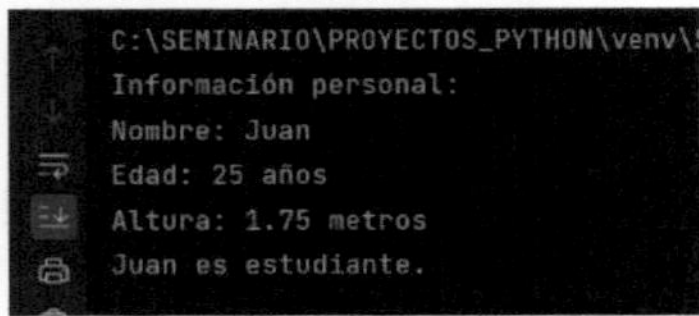

TIPOS DE DATO

En Python, los "tipos de datos" se refieren a las diferentes categorías de valores que pueden ser representados y manipulados en un programa. Python es un lenguaje de programación dinámico y de tipado fuerte, lo que significa que el tipo de dato de una variable es inferido en tiempo de ejecución y no necesita ser declarado explícitamente, pero una vez asignado, el tipo de dato de una variable no puede cambiar.

Explicación detallada de los tipos de datos principales en Python:

Tipos Numéricos:

1. **Enteros** (`int`): Representan números enteros sin parte fraccionaria. Por ejemplo, `5`, `-3`, `1000`.
2. **Flotantes** (`float`): Representan números con parte fraccionaria. Por ejemplo, `3.14`, `2.71828`, `-0.001`.

Tipos Booleanos:

1. **Booleanos (`bool`):** Representan valores de verdad, es decir, `True` o `False`. Se utilizan en operaciones lógicas y de control de flujo.

Tipos de Secuencia:

1. **Cadenas de Caracteres (`str`):** Representan secuencias de caracteres. Pueden ser creadas utilizando comillas simples (`'`) o dobles (`"`). Por ejemplo, `"Hola mundo"`, `'Python es genial'`.

2. **Listas (`list`):** Representan secuencias ordenadas de elementos. Los elementos pueden ser de cualquier tipo, incluso otra lista. Se definen utilizando corchetes `[]`. Por ejemplo, `[1, 2, 3]`, `['a', 'b', 'c']`.
3. **Tuplas (`tuple`):** Son secuencias ordenadas e inmutables de elementos. Se definen utilizando paréntesis `()`. Por ejemplo, `(1, 2, 3)`, `('a', 'b', 'c')`.

Tipos de Mapeo:

1. **Diccionarios (`dict`):** Representan colecciones de pares clave-valor. Las claves deben ser únicas e inmutables, mientras que los valores pueden ser de cualquier tipo. Se definen utilizando llaves `{}`. Por ejemplo, `{'nombre': 'Juan', 'edad': 30}`.

Tipos de Conjunto:

1. **Conjuntos (`set`):** Representan colecciones no ordenadas y sin elementos duplicados. Se utilizan para operaciones de conjunto como unión, intersección, diferencia, etc. Se definen utilizando llaves `{}` o la función `set()`. Por ejemplo, `{1, 2, 3}`, `set([4, 5, 6])`.

Tipos de Secuencia Binaria:

1. **Bytes (`bytes`):** Representan secuencias inmutables de bytes. Son utilizados para manipular datos binarios.
2. **Bytearrays (`bytearray`):** Son similares a los bytes, pero son mutables.

Tipos de Rango:

1. **Rangos (`range`):** Representan una secuencia inmutable de números y son comúnmente utilizados para bucles.

Tipos de None:

2. **NoneType (`None`):** Representa la ausencia de valor o la falta de valor. Se utiliza para indicar que una variable no tiene ningún valor asignado.

Estos son los tipos de datos básicos en Python. Es importante tener en cuenta que Python también permite la creación de tipos de datos personalizados utilizando clases y que existen bibliotecas externas que pueden proporcionar tipos de datos más especializados para diversas aplicaciones.

EJEMPLO: **QUE MUESTRA DIFERENTES TIPOS DE DATOS Y CÓMO SE PUEDEN UTILIZAR EN UN PROGRAMA**

```
# Definición de variables de diferentes tipos de datos
entero = 10                 # Se define una variable entera
flotante = 3.14             # Se define una variable flotante
cadena = "Hola, mundo!"     # Se define una cadena de texto
booleano = True             # Se define una variable booleana

# Imprimir los valores de las variables
print("Entero:", entero)     # Se imprime el valor del entero
print("Flotante:", flotante) # Se imprime el valor del flotante
print("Cadena:", cadena)     # Se imprime el valor de la cadena
print("Booleano:", booleano) # Se imprime el valor booleano

# Operaciones con diferentes tipos de datos
resultado_suma = entero + flotante                # Se realiza una suma entre un entero y un flotante
resultado_concatenacion = cadena + " Me gusta programar." # Se concatenan dos cadenas de texto
resultado_and = entero < 20 and booleano          # Se realiza una operación lógica AND entre un entero y un
booleano
resultado_or = flotante > 5 or booleano           # Se realiza una operación lógica OR entre un flotante y un
booleano

# Imprimir resultados de operaciones
print("Resultado de la suma:", resultado_suma)                      # Se imprime el resultado de la suma
print("Resultado de la concatenación:", resultado_concatenacion) # Se imprime el resultado de la concatenación
print("Resultado de la operación AND:", resultado_and)          # Se imprime el resultado de la operación AND
print("Resultado de la operación OR:", resultado_or)            # Se imprime el resultado de la operación OR
```

EXPLICACIÓN

- Este código muestra cómo se pueden utilizar diferentes tipos de datos en Python, como enteros, flotantes, cadenas y booleanos. Además, realiza algunas operaciones simples con estos datos, como suma, concatenación y operaciones lógicas AND y OR. Los comentarios explican cada parte del código para mayor claridad.

VISUALIZACIÓN DEL EJEMPLO

```
C:\SEMINARIO\PROYECTOS_PYTHON\venv\Scripts\python.exe C:\SEMINA
Entero: 10
Flotante: 3.14
Cadena: Hola, mundo!
Booleano: True
Resultado de la suma: 13.14
Resultado de la concatenación: Hola, mundo! Me gusta programar.
Resultado de la operación AND: True
Resultado de la operación OR: True
```

MANEJO DE CADENAS

El manejo de cadenas en Python se refiere a la manipulación y operaciones que puedes realizar con variables de tipo cadena de caracteres **(strings)**. En Python, las cadenas son secuencias de caracteres encerradas entre comillas simples (' '), comillas dobles **(" ")**, o triple comillas **(""" """ o ''' ''')**.

Explicación detallada de la sintaxis y algunas de las operaciones comunes para el manejo de cadenas en Python:

1. **Declaración de cadenas:**
   - Para declarar una cadena en Python, simplemente coloca el texto entre comillas simples o dobles:

```
cadena1 = 'Hola Mundo'
cadena2 = "¡Python es genial!"
```

También puedes usar triple comillas para cadenas de múltiples líneas:

```
cadena_multilinea = """
Este es un ejemplo
de cadena multilinea
en Python.
"""
```

2. **Indexación y Slicing:**
   - Puedes acceder a caracteres individuales de una cadena mediante indexación, donde el primer carácter tiene índice 0:

```
cadena = "Python"
print(cadena[0])  Imprime 'P'
```

También puedes acceder a subcadenas utilizando slicing:

```
subcadena = cadena[1:4]  Obtiene los caracteres desde el índice 1 al 3 ('yth')
```

3. **Formato de cadenas:**
   - Python ofrece diferentes formas de formatear cadenas. Una de las más comunes es utilizando el método **format():**

```
nombre = "María"
edad = 30
```

```
mensaje = "Hola, me llamo {} y tengo {} años.".format(nombre, edad)
```

También puedes utilizar **f-strings** (format strings) a partir de **Python 3.6:**

```
mensaje = f"Hola, me llamo {nombre} y tengo {edad} años."
```

4. **Métodos de cadena:**
    - Python proporciona una variedad de métodos incorporados para manipular cadenas. Algunos de los métodos comunes incluyen:

Ejemplo: <u>Principales Métodos</u>

```
cadena = "Python es genial"

cadena.upper()   Convierte la cadena a mayúsculas
cadena.lower()   Convierte la cadena a minúsculas
cadena.replace("genial", "increíble")   Reemplaza una subcadena por otra
cadena.split()   Divide la cadena en una lista de subcadenas
cadena.strip()   Elimina espacios en blanco al principio y al final de la cadena
cadena.find("es")   Encuentra la posición de una subcadena dentro de la cadena
```

5. **Longitud de la cadena:**
    - Puedes obtener la longitud de una cadena utilizando la función len():

```
cadena = "Python"
longitud = len(cadena)   Resultado: 6
```

Estas son solo algunas de las operaciones básicas que puedes realizar con cadenas en Python. La versatilidad de las cadenas en Python las hace una herramienta poderosa para manipular y trabajar con texto en tus programas.

EJEMPLO: <u>MUESTRA CÓMO MANIPULAR CADENAS DE TEXTO</u>

```
# Definimos una cadena de texto
cadena = "Hola Mundo"

# Imprimimos la cadena original
print("Cadena original:", cadena)

# Obtenemos la longitud de la cadena
longitud = len(cadena)
print("Longitud de la cadena:", longitud)

# Convertimos la cadena a mayúsculas
cadena_mayusculas = cadena.upper()
print("Cadena en mayúsculas:", cadena_mayusculas)

# Convertimos la cadena a minúsculas
```

```
cadena_minusculas = cadena.lower()
print("Cadena en minúsculas:", cadena_minusculas)

# Reemplazamos una subcadena en la cadena original
cadena_reemplazada = cadena.replace("Mundo", "Amigo")
print("Cadena con reemplazo:", cadena_reemplazada)

# Dividimos la cadena en palabras usando el espacio como delimitador
palabras = cadena.split()
print("Palabras en la cadena:", palabras)

# Concatenamos dos cadenas
nueva_cadena = "¡" + cadena + ", ¿cómo estás?"
print("Nueva cadena concatenada:", nueva_cadena)

# Verificamos si la cadena comienza con cierto prefijo
comienza_con_hola = cadena.startswith("Hola")
print("La cadena comienza con 'Hola':", comienza_con_hola)

# Verificamos si la cadena termina con cierto sufijo
termina_con_mundo = cadena.endswith("Mundo")
print("La cadena termina con 'Mundo':", termina_con_mundo)
```

EXPLICACIÓN

- Este código muestra algunas operaciones comunes de manipulación de cadenas en Python, como obtener la longitud de una cadena, convertir una cadena a mayúsculas o minúsculas, reemplazar parte de una cadena, dividir una cadena en palabras, concatenar cadenas, y verificar si una cadena comienza o termina con ciertos caracteres.

VISUALIZACIÓN DEL EJEMPLO

```
C:\SEMINARIO\PROYECTOS_PYTHON\venv\Scripts\python.exe C
Cadena original: Hola Mundo
Longitud de la cadena: 10
Cadena en mayúsculas: HOLA MUNDO
Cadena en minúsculas: hola mundo
Cadena con reemplazo: Hola Amigo
Palabras en la cadena: ['Hola', 'Mundo']
Nueva cadena concatenada: ¡Hola Mundo, ¿cómo estás?
La cadena comienza con 'Hola': True
La cadena termina con 'Mundo': True
```

TIPOS BOLEANOS

En Python, el tipo de dato booleano se refiere a un tipo de dato que puede tener uno de dos valores: Verdadero (**True**) o Falso (**False**). Estos valores son útiles para la evaluación de condiciones lógicas en programas. Aquí hay una explicación detallada de la sintaxis relacionada con el tipo de dato booleano en Python:

1. **Declaración de Variables Booleanas:**
   - Puedes declarar variables booleanas de la siguiente manera:

```
verdadero = True
falso = False
```

2. **Operadores de Comparación:**
   - Los operadores de comparación se utilizan para comparar valores y producir un resultado booleano. Algunos de estos operadores son:
     - ==: Igual a
     - !=: No igual a
     - <: Menor que
     - >: Mayor que
     - <=: Menor o igual que
     - >=: Mayor o igual que

```
x = 5
y = 10
resultado = x < y   True, porque 5 es menor que 10
```

3. **Operadores Lógicos:**
   - Los operadores lógicos se utilizan para combinar expresiones booleanas. Los principales operadores lógicos son:
     - **and**: Retorna **True** si ambas expresiones son verdaderas.
     - **or**: Retorna **True** si al menos una de las expresiones es verdadera.
     - **not**: Retorna **True** si la expresión es falsa y viceversa.

```
llueve = True
hace_frio = False

resultado = llueve and hace_frio   False, porque una de las
expresiones es False
```

4. **Evaluación de Expresiones:**
    - En Python, muchas estructuras de control como los condicionales (if, elif, else) y los bucles (while, for) utilizan expresiones booleanas para controlar el flujo del programa.

```
temperatura = 25

if temperatura > 30:
    print("Hace calor")
elif temperatura <= 30 and temperatura >= 20:
    print("Temperatura agradable")
else:
    print("Hace frío")
```

5. **Funciones que Retornan Booleanos:**
    - Algunas funciones en Python pueden devolver valores booleanos como resultado. Por ejemplo, el método **isinstance()** comprueba si un objeto es una instancia de una clase dada y devuelve **True** o **False**.

Ejemplo: Función isinstance()

```
numero = 10
es_numero = isinstance(numero, int)   True, porque 'numero' es un entero
```

EJEMPLO: Tipo de dato booleano

```
# Definimos una función que verifica si un número es par
def es_par(numero):
    if numero % 2 == 0:
        return True    # Si el número es divisible por 2, devuelve True
    else:
        return False    # Si no es divisible por 2, devuelve False

# Probamos la función con diferentes valores
print(es_par(4))     # Salida: True (porque 4 es divisible por 2)
print(es_par(7))     # Salida: False (porque 7 no es divisible por 2)
print(es_par(10))    # Salida: True (porque 10 es divisible por 2)
```

EXPLICACIÓN

- En este ejemplo, la función **es_par()** toma un número como entrada y devuelve True si el número es par (es decir, divisible por 2) y **False** si no lo es

VISUALIZACIÓN DEL EJEMPLO

```
C:\SEMINARIO\PROYECTOS_PYTHON
True
False
True
```

PROCESAR ENTRADA

La función **input()** en Python es una función incorporada que permite al usuario ingresar datos desde el teclado mientras se ejecuta un programa. Aquí hay una explicación detallada de su sintaxis y funcionamiento:

```
input(prompt)
```

- **input**: Es el nombre de la función que solicita la entrada del usuario.
- **prompt (opcional)**: Es un argumento opcional que se utiliza para mostrar un mensaje al usuario, solicitando una entrada. Este mensaje es una cadena de texto que se muestra en la consola antes de que el usuario escriba su entrada. Si no se proporciona, la función simplemente espera la entrada sin mostrar ningún mensaje.

```
nombre = input("Por favor, introduce tu nombre: ")
```

Retorno de la función:

- La función input() siempre devuelve una cadena de texto (**string**), que es la entrada que proporcionó el usuario. Incluso si el usuario ingresa un número, el valor devuelto será una cadena de caracteres que representa ese número. Si se necesita un tipo de dato diferente, como un entero o un flotante, es necesario convertir la entrada utilizando las funciones **int()** o **float()** respectivamente.

- Es importante tener en cuenta que la función input() detiene la ejecución del programa hasta que el usuario ingrese una entrada y presione Enter. Por lo tanto, se utiliza principalmente en programas interactivos donde se espera que el usuario proporcione alguna forma de información o datos de entrada.

EJEMPLO: CAPTURAR INFORMACIÓN POR MEDIO DE LA FUNCIÓN INPUT()

```
# Solicitar al usuario que ingrese su nombre
nombre = input("Por favor, ingresa tu nombre: ")

# Solicitar al usuario que ingrese su edad
edad = input("Ahora ingresa tu edad: ")

# Convertir la entrada de edad a un número entero
# ya que la función input devuelve una cadena de caracteres (string)
edad = int(edad)

# Calcular el año en que el usuario nació
# Suponiendo que estamos en el año actual
año_actual = 2024
```

```
año_nacimiento = año_actual - edad

# Mostrar un mensaje con el nombre del usuario y su año de nacimiento
print("Hola,", nombre + ". Parece que naciste en el año", año_nacimiento, ".")
```

EXPLICACIÓN

- Solicitamos al usuario que ingrese su nombre y su edad usando la función **input().**
- Convertimos la entrada de la edad en un número entero usando **int()** porque input() devuelve una cadena de caracteres (string) y necesitamos operar con números.
- Calculamos el año de nacimiento restando la edad ingresada al año actual.
- Mostramos un mensaje que incluye el nombre del usuario y el año de nacimiento calculado.

VISUALIZACIÓN DEL EJEMPLO

```
C:\SEMINARIO\PROYECTOS_PYTHON\venv\Scripts\python.ex
Por favor, ingresa tu nombre: JUAN
Ahora ingresa tu edad: 20
Hola, JUAN. Parece que naciste en el año 2004 .
```

CONVERSION DE DATOS DE ENTRADA

- **Funciones de conversión**
  - A menudo, después de recibir la entrada del usuario utilizando **input(),** puede ser necesario convertir el valor ingresado a un tipo de datos diferente, como un entero, un flotante o cualquier otro tipo de datos según la necesidad del programa. Aquí están las funciones de conversión más comunes:
    - **int():** Convierte el valor a un entero.
    - **float():** Convierte el valor a un número de coma flotante (flotante).
    - **str():** Convierte el valor a una cadena (string).
    - **bool():** Convierte el valor a un booleano (True o False).

EJEMPLO: <u>UTILIZA LA FUNCIÓN INPUT() PARA SOLICITAR AL USUARIO UN VALOR, Y LUEGO UTILIZA FUNCIONES DE CONVERSIÓN PARA CONVERTIR ESE VALOR EN DIFERENTES TIPOS DE DATOS EN PYTHON:</u>

```
# Solicitar al usuario que ingrese su nombre
nombre = input("Por favor, ingresa tu nombre: ")

# Solicitar al usuario que ingrese su edad
edad_str = input("Por favor, ingresa tu edad: ")

# Convertir la entrada de edad (string) a un entero
# Si el usuario ingresa un valor que no es un número, esto generará una excepción
```

```
try:
    edad = int(edad_str)
except ValueError:
    print("Error: La edad debe ser un número entero.")
    exit()

# Solicitar al usuario que ingrese su altura en metros
altura_str = input("Por favor, ingresa tu altura en metros: ")

# Convertir la entrada de altura (string) a un flotante
# Si el usuario ingresa un valor que no es un número, esto generará una excepción
try:
    altura = float(altura_str)
except ValueError:
    print("Error: La altura debe ser un número.")
    exit()

# Imprimir los datos ingresados por el usuario
print("¡Hola,", nombre + "! Tienes", edad, "años y mides", altura, "metros.")
```

EXPLICACIÓN

- **input()** se utiliza para solicitar al usuario que ingrese información.
- Se utiliza **int()** y **float()** para convertir la entrada del usuario (que siempre es una cadena) en enteros y flotantes, respectivamente.
- Se agregan comentarios en el código para explicar cada parte del proceso.

VISUALIZACIÓN DEL EJEMPLO

```
C:\SEMINARIO\PROYECTOS_PYTHON\venv\Scripts\python.e
Por favor, ingresa tu nombre: MARIA
Por favor, ingresa tu edad: 19
Por favor, ingresa tu altura en metros: 1.65
¡Hola, MARIA! Tienes 19 años y mides 1.65 metros.
```

OPERADORES ARITMETICOS

En Python, los operadores aritméticos son herramientas fundamentales que permiten realizar operaciones matemáticas básicas en programas. Estos operadores se utilizan para realizar cálculos numéricos, como **sumar**, **restar**, **multiplicar**, **dividir**, obtener el **residuo** de una división y elevar un número a una **potencia**. Aquí te explico cada uno de estos operadores detalladamente:

1. **Suma (+):** El operador de suma se representa con el símbolo de más (+). Se utiliza para sumar dos valores numéricos y obtener el resultado de la adición.

```
a = 5
b = 3
suma = a + b
print(suma)   Output: 8
```

2. **Resta (-):** El operador de resta se representa con el símbolo de menos **(-)**. Se utiliza para restar un valor numérico de otro y obtener el resultado de la sustracción.

```
resultado = 10 - 4
print(resultado)   Salida: 6
```

3. **Multiplicación (*):** El operador de multiplicación se representa con el símbolo de asterisco (*). Se utiliza para multiplicar dos valores numéricos y obtener el resultado de la multiplicación.

```
resultado = 6 * 2
print(resultado)   Salida: 12
```

4. **División (/):** El operador de división se representa con el símbolo de barra inclinada **(/)**. Se utiliza para dividir un valor numérico por otro y obtener el resultado de la división. **En Python 3**, esta operación siempre devuelve un resultado en punto flotante.

```
resultado = 10 / 2
print(resultado)   Salida: 5.0
```

5. **División entera (//):** El operador de división entera se representa con doble barra inclinada (//). Se utiliza para realizar una división entre dos números y obtener el **cociente** como resultado, ignorando cualquier residuo.

```
resultado = 10 // 3
print(resultado)   Salida: 3
```

6. **Módulo (%):** El operador de módulo se representa con el símbolo de porcentaje **(%)**. Se utiliza para obtener el residuo de la división entre dos números.

```
resultado = 10 % 3
print(resultado)   Salida: 1
```

7. **Potencia ():**** El operador de potencia se representa con dos asteriscos **(**)**. Se utiliza para elevar un número a una potencia específica.

```
resultado = 2 ** 3
print(resultado)   Salida: 8
```

Estos operadores son esenciales para realizar cálculos numéricos en Python y son ampliamente utilizados en el desarrollo de aplicaciones y programas que involucran matemáticas o manipulación de datos numéricos. Es importante entender cómo funcionan y cómo aplicarlos correctamente en tus programas para realizar las operaciones aritméticas necesarias.

EJEMPLO: QUE MUESTRA CÓMO UTILIZAR LOS OPERADORES ARITMÉTICOS

```
# Este programa muestra ejemplos de operadores aritméticos en Python

# Definimos dos variables con valores
a = 10
b = 3

# Suma: +
suma = a + b
print("Suma de", a, "y", b, "es igual a:", suma)

# Resta: -
resta = a - b
print("Resta de", a, "y", b, "es igual a:", resta)

# Multiplicación: *
multiplicacion = a * b
print("Multiplicación de", a, "y", b, "es igual a:", multiplicacion)

# División: /
division = a / b
print("División de", a, "entre", b, "es igual a:", division)

# División entera: //
division_entera = a // b
print("División entera de", a, "entre", b, "es igual a:", division_entera)

# Módulo: %
modulo = a % b
print("Módulo de", a, "entre", b, "es igual a:", modulo)

# Potencia: **
potencia = a ** b
print(a, "elevado a", b, "es igual a:", potencia)
```

EXPLICACIÓN

- Este código define dos variables a y b, luego realiza diferentes operaciones aritméticas con ellas, mostrando el resultado de cada operación

VISUALIZACIÓN DEL EJEMPLO

```
C:\SEMINARIO\PROYECTOS_PYTHON\venv\Scripts\python.exe C:\SE
Suma de 10 y 3 es igual a: 13
Resta de 10 y 3 es igual a: 7
Multiplicación de 10 y 3 es igual a: 30
División de 10 entre 3 es igual a: 3.3333333333333335
División entera de 10 entre 3 es igual a: 3
Módulo de 10 entre 3 es igual a: 1
10 elevado a 3 es igual a: 1000
```

OPERADORES DE ASIGNACIÓN

Los operadores de asignación en Python son herramientas fundamentales que permiten asignar valores a variables de manera eficiente y concisa. Estos operadores combinan la tarea de asignar un valor a una variable con una operación aritmética, lo que resulta útil para simplificar el código y hacerlo más legible. Aquí tienes una explicación detallada de los operadores de asignación en Python:

1. **Operador de Asignación Simple (=):**
   - El operador de asignación más básico en Python es el signo igual (=). Se utiliza para asignar el valor de la derecha a la variable de la izquierda.

Ejemplo: Aquí, se asigna el valor 5 a la variable `x`.

```
x = 5
```

2. **Operadores de Asignación Combinados:**
   - Estos operadores combinan la asignación con una operación aritmética. Son una forma abreviada de realizar operaciones y asignaciones en una sola expresión.

2.1. Operador de Adición y Asignación (+=):

- Este operador realiza una suma entre el valor actual de la variable y el valor especificado a la derecha del operador, y luego asigna el resultado a la variable.

```
x += 3   Ejemplo Equivalente a x = x + 3
```

2.2. Operador de Sustracción y Asignación (-=):

- Realiza una resta entre el valor actual de la variable y el valor especificado a la derecha del operador, y luego asigna el resultado a la variable.

```
y -= 2   Ejemplo Equivalente a y = y - 2
```

2.3. Operador de Multiplicación y Asignación (*=):

- Realiza una multiplicación entre el valor actual de la variable y el valor especificado a la derecha del operador, y luego asigna el resultado a la variable.

```
z *= 4   Ejemplo Equivalente a z = z * 4
```

2.4. Operador de División y Asignación (/=):

- Realiza una división entre el valor actual de la variable y el valor especificado a la derecha del operador, y luego asigna el resultado a la variable.

```
w /= 2   Ejemplo Equivalente a w = w / 2
```

2.5. Operador de Módulo y Asignación (%=):

- Realiza una división entera entre el valor actual de la variable y el valor especificado a la derecha del operador, y asigna el resto de la división entera a la variable.

```
v %= 3   Ejemplo Equivalente a v = v % 3
```

2.6. Operador de Potencia y Asignación (=):**

- Realiza una exponenciación entre el valor actual de la variable y el valor especificado a la derecha del operador, y luego asigna el resultado a la variable.

```
u **= 2   Ejemplo Equivalente a u = u ** 2
```

Los operadores de asignación combinados son una forma eficiente y legible de realizar operaciones aritméticas y asignaciones en una sola expresión en Python. Son una herramienta poderosa para simplificar y optimizar el código, especialmente cuando se trabaja con variables y cálculos repetitivos.

OPERADORES DE REASIGNACIÓN

Los "operadores de reasignación" en Python son una característica poderosa que te permite actualizar el valor de una variable en función de su valor actual y otra expresión. Son una forma compacta y conveniente de escribir código cuando necesitas actualizar una variable en lugar de simplemente asignarle un nuevo valor.

En Python, los operadores de reasignación combinan la operación de asignación (`=`) con una operación aritmética, lo que te permite realizar una operación y asignar el resultado directamente a la variable en una sola línea de código.

Aquí hay una lista de los operadores de reasignación junto con su uso:

1. **`+=`:** Este operador suma el valor de la variable con otro valor y luego asigna el resultado a la misma variable.

```
x = 5
x += 3  Ejemplo Esto es equivalente a x = x + 3
print(x)  Ejemplo Output: 8
```

2. **`-=`:** Este operador resta el valor de la variable por otro valor y luego asigna el resultado a la misma variable.

```
x = 10
x -= 2  Ejemplo Esto es equivalente a x = x - 2
```

```
print(x)  Ejemplo Output: 8
```

3. **`*=`:** Este operador multiplica el valor de la variable por otro valor y luego asigna el resultado a la misma variable.

```
x = 3
x *= 4  Ejemplo Esto es equivalente a x = x * 4
print(x)  Ejemplo Output: 12
```

4. **`/=`:** Este operador divide el valor de la variable por otro valor y luego asigna el resultado a la misma variable.

```
x = 20
x /= 5  Ejemplo Esto es equivalente a x = x / 5
print(x)  Ejemplo Output: 4.0
```

5. **`//=`:** Este operador realiza una división entera del valor de la variable por otro valor y luego asigna el resultado a la misma variable.

```
x = 20
x //= 6  Ejemplo Esto es equivalente a x = x // 6
print(x)  Ejemplo Output: 3
```

6. **`%=`:** Este operador calcula el módulo del valor de la variable con otro valor y luego asigna el resultado a la misma variable.

```
x = 17
x %= 5  Ejemplo Esto es equivalente a x = x % 5
print(x)  Ejemplo Output: 2
```

7. **`**=`:** Este operador calcula la potencia del valor de la variable a otro valor y luego asigna el resultado a la misma variable.

```
x = 3
x **= 2  Ejemplo Esto es equivalente a x = x ** 2
print(x)  Ejemplo Output: 9
```

Estos operadores son especialmente útiles cuando necesitas realizar operaciones simples y actualizar el valor de una variable en el proceso. Son una forma eficiente de escribir código y pueden hacer tu código más claro y conciso. Sin embargo, debes tener cuidado de no complicar demasiado tu código con operadores de reasignación, ya que puede hacer que el código sea menos legible para otros desarrolladores.

EJEMPLO: De cómo utilizar operadores de reasignación en Python, específicamente el operador +=, que suma el valor de la expresión a la variable y asigna el resultado a la misma variable

```
# Definimos una variable 'puntuacion' inicialmente con un valor de 10
puntuacion = 10

# Mostramos la puntuación inicial
print("Tu puntuación inicial es:", puntuacion)

# El estudiante resuelve un pequeño ejercicio y gana 5 puntos
# Utilizamos el operador de reasignación '+='
puntuacion += 5  # Esto es equivalente a: puntuacion = puntuacion + 5

# Mostramos la puntuación actualizada
print("Después de resolver el ejercicio, tu puntuación es:", puntuacion)

# Luego, el estudiante resuelve otro ejercicio y gana 3 puntos adicionales
# Utilizamos nuevamente el operador de reasignación '+='
puntuacion += 3  # Esto es equivalente a: puntuacion = puntuacion + 3

# Mostramos la puntuación actualizada después del segundo ejercicio
print("Después de resolver otro ejercicio, tu puntuación es:", puntuacion)
```

EXPLICACIÓN

- En este ejemplo, puntuacion representa la puntuación acumulada por un estudiante. Utilizando el operador +=, podemos agregar puntos a la puntuación existente de manera más concisa que si usáramos el operador de asignación simple = junto con la adición

VISUALIZACIÓN DEL EJEMPLO

```
C:\SEMINARIO\PROYECTOS_PYTHON\venv\Scripts\python.exe C:\SEMINA
Tu puntuación inicial es: 10
Después de resolver el ejercicio, tu puntuación es: 15
Después de resolver otro ejercicio, tu puntuación es: 18
```

OPERADORES DE COMPARACIÓN

En Python, los operadores de comparación son símbolos que se utilizan para comparar dos valores. Estos operadores evalúan la relación entre los valores y devuelven un resultado booleano, es decir, True o False, que indica si la comparación es verdadera o falsa. Los operadores de comparación más comunes en Python son:

1. == (igual a): Este operador verifica si dos valores son iguales.

2. != (no igual a): Este operador verifica si dos valores no son iguales.
   - ➢ (mayor que): Este operador verifica si el valor de la izquierda es mayor que el valor de la derecha.
3. < (menor que): Este operador verifica si el valor de la izquierda es menor que el valor de la derecha.
4. >= (mayor o igual que): Este operador verifica si el valor de la izquierda es mayor o igual que el valor de la derecha.
5. <= (menor o igual que): Este operador verifica si el valor de la izquierda es menor o igual que el valor de la derecha.

EJEMPLO: UTILIZANDO OPERADORES DE COMPARACIÓN EN PYTHON

```
# Definimos una función para verificar si un producto está en stock y si su precio es asequible.
def verificar_producto(producto, precio, stock):
    if stock > 0:  # Verificamos si el producto está en stock
        if precio < 1000:  # Verificamos si el precio es asequible
            print(f"¡El producto {producto} está disponible y es asequible!")
        else:
            print(f"El producto {producto} está disponible pero es costoso.")
    else:
        print(f"Lo siento, el producto {producto} no está disponible en este momento.")

# Ejemplos de productos para probar nuestra función
verificar_producto("Laptop", 899, 5)  # La laptop está disponible y es asequible
verificar_producto("Smartphone", 1299, 3)  # El smartphone está disponible pero es costoso
verificar_producto("Tablet", 149, 0)  # La tablet no está disponible en este momento
```

EXPLICACIÓN

- En este ejemplo, hemos utilizado operadores de comparación (>, <) para verificar si un producto está en stock y si su precio es asequible. Dependiendo de estas condiciones, se imprime un mensaje diferente para cada situación.

VISUALIZACIÓN DEL EJEMPLO

```
C:\SEMINARIO\PROYECTOS_PYTHON\venv\Scripts\python.exe C:\SEMINARIO\PR
¡El producto Laptop está disponible y es asequible!
El producto Smartphone está disponible pero es costoso.
Lo siento, el producto Tablet no está disponible en este momento.
```

OPERADORES LÓGICOS

En Python, los operadores lógicos son herramientas fundamentales que nos permiten realizar operaciones de comparación entre valores booleanos (verdadero o falso). Estos operadores son clave para la toma de decisiones en nuestros programas, ya que nos permiten evaluar condiciones y ejecutar ciertas acciones en función de si esas condiciones se cumplen o no.

Operadores lógicos básicos:

1. **AND (y):**
   - El operador and devuelve True si ambas condiciones que conecta son verdaderas.
   - Ejemplo: A and B es verdadero solo si A es verdadero y B es verdadero.
2. **OR (o):**
   - El operador or devuelve True si al menos una de las condiciones que conecta es verdadera.
   - Ejemplo: A or B es verdadero si A es verdadero o B es verdadero, o si ambos son verdaderos.
3. **NOT (no):**
   - El operador not se utiliza para negar una condición. Si una condición es verdadera, not la convierte en falsa y viceversa.
   - Ejemplo: not A es verdadero si A es falso y falso si A es verdadero.

EJEMPLO: Supongamos que tenemos dos variables, x y y, que representan números enteros. Podemos usar operadores lógicos para realizar comparaciones entre estos números

```
# Definir variables
x = 10
y = 5

# Ejemplo de operador AND: verifica si ambas condiciones son verdaderas
if x > 5 and y < 10:
    print("Ambas condiciones son verdaderas.")
# En este caso, la condición se cumple porque x es mayor que 5 y y es menor que 10.

# Ejemplo de operador OR: verifica si al menos una condición es verdadera
if x < 5 or y > 10:
    print("Al menos una condición es verdadera.")
# Aquí, aunque la primera condición (x < 5) no se cumple, la segunda condición (y > 10)
sí, por lo que se ejecuta el bloque de código.

# Ejemplo de operador NOT: verifica si una condición no es verdadera
if not(x == y):
    print("x y y no son iguales.")
# La condición se cumple porque x no es igual a y.
```

VISUALIZACIÓN DEL EJEMPLO

```
C:\SEMINARIO\PROYECTOS_PYTHON\venv\S
Ambas condiciones son verdaderas.
x y y no son iguales.
```

Importancia en la programación:

Los operadores lógicos son esenciales en la programación porque nos permiten construir programas que toman decisiones basadas en condiciones. Con estos operadores, podemos controlar el flujo de ejecución de un programa, permitiendo que se ejecute cierto bloque de código solo si se cumplen ciertas condiciones específicas. Esto es crucial para crear programas que respondan de manera inteligente a diferentes situaciones y entradas de datos.

SENTENCIAS DE CONTROL IF

Las sentencias de control **`if`** en Python son fundamentales para controlar el flujo de ejecución de un programa. Permiten que el programa tome decisiones basadas en condiciones específicas y ejecute ciertas partes del código solo si esas condiciones se cumplen.

¿Qué es una sentencia `if`?

Una sentencia `if` es una estructura de control de flujo en Python que permite que un programa tome decisiones basadas en ciertas condiciones. Estas condiciones se evalúan como verdaderas o falsas y determinan qué parte del código se ejecuta.

Sintaxis básica:

La sintaxis básica de una sentencia `if` en Python es la siguiente:

```
if condición:
    Código a ejecutar si la condición es verdadera
```

- La palabra clave `if` inicia la sentencia y se sigue de una expresión booleana llamada "condición".
- Si la condición es evaluada como verdadera (`True`), el bloque de código indentado debajo de la declaración `if` se ejecutará.
- Si la condición es evaluada como falsa (`False`), el bloque de código `if` se omite y la ejecución continúa con la próxima instrucción después del bloque `if`.

Ejemplo: En este ejemplo, la condición `x > 5` se evalúa como verdadera ya que el valor de `x` es 10, que es mayor que 5. Por lo tanto, el mensaje "x es mayor que 5" se imprimirá en la consola.

```
x = 10
```

```
if x > 5:
    print("x es mayor que 5")
```

Bloques `if-else`:

Además de la sentencia `if`, también podemos tener una sentencia `else` que se ejecuta cuando la condición en el `if` es evaluada como falsa. La sintaxis es la siguiente:

```
if condición:
    Código a ejecutar si la condición es verdadera
else:
    Código a ejecutar si la condición es falsa
```

Ejemplo: En este ejemplo, dado que el valor de `x` es 3 y la condición `x > 5` es falsa, se ejecutará el bloque de código en el `else`, imprimiendo "x no es mayor que 5".

```
x = 3

if x > 5:
    print("x es mayor que 5")
else:
    print("x no es mayor que 5")
```

Bloques `if-elif-else`:

A veces, queremos evaluar múltiples condiciones de manera secuencial. Para eso, utilizamos la estructura `if-elif-else`, donde `elif` es una abreviatura de "else if". La sintaxis es la siguiente:

```
if condición1:
    Código a ejecutar si la condición1 es verdadera
elif condición2:
    Código a ejecutar si la condición2 es verdadera
else:
    Código a ejecutar si ninguna de las condiciones anteriores es
verdadera
```

Ejemplo: En este caso, dado que `x` es 10, la primera condición no se cumple, pero la segunda sí. Por lo tanto, se imprimirá "x es mayor que 5 pero menor o igual que 15".

```
x = 10
```

```python
if x > 15:
    print("x es mayor que 15")
elif x > 5:
    print("x es mayor que 5 pero menor o igual que 15")
else:
    print("x es menor o igual que 5")
```

Las sentencias `if` son esenciales en Python y en la programación en general, ya que permiten que los programas tomen decisiones dinámicas en función de las condiciones definidas. Son herramientas poderosas que te permiten escribir código que se adapta y responde a diferentes situaciones. Es fundamental comprender cómo funcionan y cómo utilizarlas correctamente para escribir programas eficaces y robustos.

Ejemplo que muestra cómo usar sentencias de control if en Python.

- Imaginemos que estamos desarrollando un programa para una tienda en línea que ofrece descuentos basados en la cantidad de productos comprados.
- Este ejemplo utiliza el concepto de condiciones if para determinar el descuento que un cliente puede recibir según la cantidad de productos en su carrito de compras:

EJEMPLO: MANEJO DE PRODUCTOS, EN TIENDA CON EL USO DE LA SENTENCIA IF

Python-Pulsa un clic sobre el enlace para visualizar el código:

```python
# Definimos una variable para la cantidad de productos en el carrito
cantidad_productos = 5

# Definimos los umbrales para aplicar los descuentos
umbral_descuento_pequeno = 5
umbral_descuento_grande = 10

# Definimos los valores de los descuentos
descuento_sin = 0
descuento_pequeno = 0.1
descuento_grande = 0.25

# Verificamos qué descuento aplicar basado en la cantidad de productos en el carrito
if cantidad_productos >= umbral_descuento_grande:
    descuento_aplicado = descuento_grande
    print(f"¡Felicidades!, has alcanzado el umbral de descuento grande: {descuento_aplicado*100} %")
elif cantidad_productos >= umbral_descuento_pequeno:
    descuento_aplicado = descuento_pequeno
    print(f"Excelente, has alcanzado el umbral de descuento pequeño: {descuento_aplicado*100} %")
else:
    descuento_aplicado = descuento_sin
    print("Aún no alcanzas descuento.")
```

```
# Calculamos el monto final con descuento
precio_producto = 100
precio_total_sin_descuento = cantidad_productos * precio_producto
precio_final_con_descuento = precio_total_sin_descuento * (1 - descuento_aplicado)
valor_descuento = precio_total_sin_descuento - precio_final_con_descuento

# Mostramos los resultados
print(f"El precio del producto es ${precio_producto}, por lo tanto, el total sin descuento es ${precio_total_sin_descuento}")
print(f"El descuento aplicado es: {descuento_aplicado*100}%, lo que significa un monto de ${valor_descuento}")
print(f"El precio final con descuento es: ${precio_final_con_descuento}")
```

Este código es un programa en Python que calcula el descuento aplicado en una compra en función del número de productos en el carrito y luego muestra el precio final con el descuento aplicado.

Aquí está la explicación paso a paso:

1. Se define la variable `cantidad_productos` que representa la cantidad de productos en el carrito. En este caso, se establece en 5.
2. Se definen los umbrales para aplicar los descuentos: `umbral_descuento_pequeno` y `umbral_descuento_grande`. Si la cantidad de productos en el carrito supera estos umbrales, se aplicarán los descuentos correspondientes.
3. Se definen los valores de los descuentos: `descuento_sin`, `descuento_pequeno`, y `descuento_grande`.
4. Se utiliza una estructura condicional `if`, `elif`, y `else` para determinar qué descuento aplicar en función de la cantidad de productos en el carrito. Si la cantidad de productos es igual o mayor al `umbral_descuento_grande`, se aplica el descuento grande; si es mayor o igual al `umbral_descuento_pequeno`, se aplica el descuento pequeño; de lo contrario, no se aplica ningún descuento.

5. Se calcula el precio total sin descuento multiplicando la cantidad de productos por el precio de cada producto.
6. Se calcula el precio final con descuento restando el descuento aplicado del precio total sin descuento.
7. Se calcula el valor del descuento restando el precio final con descuento del precio total sin descuento.
8. Se muestran los resultados en la consola, incluyendo el precio del producto, el total sin descuento, el descuento aplicado y el precio final con descuento.

VISUALIZACIÓN DEL EJEMPLO

```
C:\SEMINARIO\PROYECTOS_PYTHON\venv\Scripts\python.exe C:\SEMINARIO\
¡Felicidades! Has alcanzado el umbral de descuento grande.
El precio total sin descuento es: $1000
El descuento aplicado es: 25.0%
El precio final con descuento es: $750.0
```

CICLO WHILE

En Python, al igual que en muchos otros lenguajes de programación, existe una estructura de control llamada ciclo `**while**`. Este ciclo permite repetir un bloque de código mientras se cumpla una condición específica. Es útil cuando no sabemos exactamente cuántas veces queremos que se repita un bloque de código, pero sí conocemos la condición bajo la cual queremos que se repita.

La sintaxis básica del ciclo `**while**` es la siguiente:

```
while condicion:
    # Bloque de código a repetir mientras se cumpla la condición
```

- La palabra clave `**while**` indica el inicio del ciclo.
- **condicion**` es una expresión que se evalúa en cada iteración del ciclo. Mientras esta condición sea verdadera (`True`), el bloque de código dentro del ciclo se ejecutará repetidamente.
- El bloque de código dentro del ciclo `**while**` debe estar indentado (sangrado) para indicar que pertenece al cuerpo del ciclo.

EJEMPLO: Ejemplo para ilustrar cómo funciona el ciclo `**while**`

- En este ejemplo, inicializamos una variable `contador` con el valor 0. Luego, usamos un ciclo `**while**` que se ejecutará mientras el valor del contador sea menor que 5. Dentro del ciclo, imprimimos el valor del contador y luego lo incrementamos en 1 en cada iteración. Cuando el contador alcanza el valor de 5, la condición `contador < 5` ya no se cumple y el ciclo termina. Finalmente, imprimimos "Fin del ciclo" fuera del ciclo `**while**`.

```
# Inicializamos una variable contador
contador = 0

# Ciclo while que se ejecutará mientras el contador sea menor que 5
while contador < 5:
    print("El contador es:", contador)
    contador += 1  # Incrementamos el contador en cada iteración

print("Fin del ciclo")
```

Consideraciones

- Es importante tener cuidado al usar ciclos `**while**` para evitar caer en bucles infinitos. Un bucle infinito ocurre cuando la condición del ciclo siempre es verdadera, lo que hace que el ciclo se ejecute continuamente sin detenerse. Para evitar esto, asegúrate de que la condición en el ciclo `**while**` eventualmente se vuelva falsa.

El ciclo `**while**` en Python es una herramienta poderosa que permite ejecutar un bloque de código repetidamente mientras se cumpla una condición específica. Es útil en situaciones donde no sabemos de antemano cuántas veces se repetirá el código, pero sí conocemos la condición de terminación. Sin embargo, debemos tener precaución para evitar bucles infinitos y asegurarnos de que la condición cambie en algún momento para que el ciclo pueda finalizar adecuadamente.

EJEMPLO: USO DEL CICLO WHILE EN PYTHON

Python-Pulsa un clic sobre el enlace para visualizar el código:

```
# Importar la librería necesaria
import random

# Definir la función para el juego
def juego_adivinar_numero():
    # Generar un número aleatorio
    numero_secreto = random.randint(1,100)

    # Mostrar mensaje de bienvenida y las instrucciones del juego
    print("BIENVENIDOS AL JUEGO: ADIVINAR EL NÚMERO")
    print("Tienes que adivinar un número en el rango: 1-100")

    # Inicializar el contador de intentos y la bandera de acierto
    intentos = 0
    acertado = False

    # Iniciar el bucle de juego hasta que el número sea adivinado
    while not acertado:
        # Solicitar al usuario que ingrese un número
        numero = int(input("Introduce el número que deseas adivinar: "))
        intentos += 1

        # Comprobar si el número ingresado coincide con el número secreto
        if numero == numero_secreto:
            print(f"¡Felicidades! has adivinado el número: {numero_secreto} en: {intentos} intentos")
            acertado = True
        elif numero < numero_secreto:
            print("El número secreto es mayor. Sigue intentando.")
        else:
            print("El número secreto es menor. Sigue intentando.")

    # Preguntar al usuario si desea jugar nuevamente
    jugar_nuevamente = input ("¿Quieres jugar de nuevo? [si/no]: ")

    if jugar_nuevamente.lower() == "si":
        # Si el usuario quiere jugar nuevamente, llamamos recursivamente a la función
        juego_adivinar_numero()
    else:
```

```
        # Si el usuario no quiere jugar nuevamente, mostrar mensaje de agradecimiento y salir
        print("¡Gracias por jugar!")

# Llamar a la función principal para iniciar el juego
juego_adivinar_numero()
```

Este código en Python es un juego llamado "Adivinar el número". Aquí hay una explicación paso a paso de lo que hace:

1. **Importación de la librería random:** La primera línea importa la librería `random`, que se utiliza para generar números aleatorios.
2. **Definición de la función `juego_adivinar_numero ( )`:** Esta función contiene toda la lógica del juego.
3. **Generación del número secreto:** Utilizando `random.randint (1,100) `, se genera un número aleatorio entre 1 y 100, que será el número que el jugador debe adivinar.
4. **Mensaje de bienvenida e instrucciones:** Se imprime un mensaje de bienvenida junto con las instrucciones del juego, indicando al jugador que debe adivinar un número en el rango del 1 al 100.
5. **Inicialización de variables:** Se inicializan dos variables: `intentos` se utiliza para contar el número de intentos del jugador, y `acertado` es una bandera que se establece en `True` cuando el jugador adivina correctamente el número.
6. **Bucle principal del juego (`while not acertado`):** Este bucle se ejecuta mientras `acertado` sea `False`, es decir, mientras el número no haya sido adivinado.
7. **Solicitud del número al jugador:** Se solicita al jugador que ingrese un número.
8. **Comparación del número ingresado con el número secreto:** Se compara el número ingresado por el jugador con el número secreto generado aleatoriamente. Dependiendo de la comparación, se imprime un mensaje indicando si el número secreto es mayor o menor que el número ingresado por el jugador.
9. **Actualización del contador de intentos:** En cada iteración del bucle, se incrementa el contador de intentos.
10. **Comprobación de si el jugador ha adivinado el número:** Si el número ingresado por el jugador es igual al número secreto, se imprime un mensaje de felicitación indicando el número correcto y el número de intentos que le llevó al jugador adivinarlo, y se establece `acertado` en `True` para salir del bucle.
11. **Pregunta para jugar nuevamente:** Después de salir del bucle principal, se le pregunta al jugador si desea jugar nuevamente.
12. **Reinicio del juego o finalización del programa:** Si el jugador responde "si", se llama recursivamente a la función `juego_adivinar_numero ( ) ` para reiniciar el

juego. Si el jugador responde cualquier otra cosa, se imprime un mensaje de agradecimiento y el programa termina.

VISUALIZACIÓN DEL EJEMPLO

```
C:\SEMINARIO\PROYECTOS_PYTHON\venv\Scripts\python.exe
Bienvenido al juego de adivinar el número!
Tienes que adivinar un número entre 1 y 100.
Introduce tu suposición: 25
El número es mayor. ¡Sigue intentándolo!
Introduce tu suposición: 30
El número es mayor. ¡Sigue intentándolo!
Introduce tu suposición: 50
El número es menor. ¡Sigue intentándolo!
Introduce tu suposición: |
```

CICLO FOR

El ciclo `for` es una estructura de control fundamental en Python que permite iterar sobre elementos de una secuencia, como una lista, una Tupla, un diccionario, un conjunto o una cadena de caracteres. Es especialmente útil cuando necesitas repetir una tarea un número conocido de veces o cuando deseas recorrer todos los elementos de una colección.

La sintaxis básica de un ciclo `for` en Python es la siguiente:

```
for elemento in secuencia:
    # Cuerpo del ciclo
    # Hacer algo con 'elemento'
```

- **`elemento`:** Es una variable que toma el valor de cada elemento de la secuencia en cada iteración del ciclo. Puedes nombrar esta variable como desees.
- **`secuencia`:** Es la colección de elementos sobre la que se iterará. Puede ser una lista, una Tupla, un diccionario, un conjunto o una cadena de caracteres, entre otros tipos de datos iterables en Python.
- **Cuerpo del ciclo:** Son las instrucciones que se ejecutan en cada iteración del ciclo. Estas instrucciones deben estar indentadas (espaciadas hacia adentro) para indicar que están dentro del ciclo.

EJEMPLO: Iterando sobre una Lista

- En este ejemplo, `numero` es la variable que toma el valor de cada elemento en la lista `numeros` en cada iteración del ciclo. En cada iteración, el valor de `numero` se imprimirá en la consola.

```
numeros = [1, 2, 3, 4, 5]
for numero in numeros:
    print(numero)
```

EJEMPLO: Iterando sobre una Cadena de Caracteres

- Aquí, `letra` es la variable que toma el valor de cada carácter en la cadena de caracteres `"Python"`. En cada iteración, el valor de `letra` se imprimirá en la consola.

```
palabra = "Python"
for letra in palabra:
    print(letra)
```

EJEMPLO: Iterando sobre un Rango de Números

- El uso de `range (5)` genera una secuencia de números desde 0 hasta 4 (el número final es excluyente). En cada iteración, `i` toma el valor de estos números y se imprime en la consola.

```
for i in range(5):
    print(i)
```

El ciclo `for` en Python es una herramienta poderosa para iterar sobre secuencias de elementos. Su sintaxis simple y flexible lo convierte en una opción popular para una variedad de tareas, desde recorrer listas y cadenas hasta generar secuencias de números. Al comprender su sintaxis y aplicaciones, puedes utilizarlo eficazmente para procesar datos y ejecutar tareas repetitivas en tus programas Python.

EJEMPLO: USO DEL CICLO FOR EN PYTHON

¿Cómo calcular un número factorial?

El factorial de un número (**n**), denotado como (**n!**), se calcula multiplicando todos los enteros positivos **menores [<] o iguales [= =] a (n).**

La fórmula para calcular el factorial de un número es: **n!** = n x (n-1) x (n-2) x….. x3 x2 x1

En algunos casos especiales:
[**0!** = 1]

Por ejemplo:

- (**5!** = 5 x 4 x 3 x 2 x 1 = **120**)
- (**4!** = 4 x 3 x 2 x 1 = **24**)
- (**3!** = 3 x 2 x 1 = **6**)
- (**2!** = 2 x 1 = **2**)
- (**1!** = **1**)

Y así sucesivamente.

Python-Pulsa un clic sobre el enlace para visualizar el código:

```
# Solicitar al usuario que ingrese un número entero positivo
numero = int(input("Ingresa un número entero positivo: "))

# Verificar si el número que se ha ingresado es positivo
if numero < 0:
    print("Deberás ingresar un número positivo!")

else:

    factorial = 1

    # Calcular el factorial del número ingresado
    for i in range(1, numero + 1):
        factorial *= i
    # Imprimir el resultado del factorial
    print(f"El factorial del número {numero} es: {factorial}")
```

Este código en Python solicita al usuario que ingrese un número entero positivo. Luego, verifica si el número ingresado es positivo. Si es positivo, calcula el factorial del número ingresado y lo imprime.

Explicación del código:

1. Se solicita al usuario que ingrese un número entero positivo utilizando la función `input`. El valor ingresado se convierte a un entero utilizando la función `int()` y se asigna a la variable `numero`.
2. Se verifica si el número ingresado es menor que 0. Si es menor que 0, se imprime un mensaje indicando que se debe ingresar un número positivo.
3. Si el número ingresado es mayor o igual a 0, se inicializa la variable `factorial` con el valor 1. Esto es necesario para calcular el factorial más adelante.
4. Se utiliza un bucle `for` para iterar desde 1 hasta el número ingresado más 1. Esto se hace con `range (1, numero + 1)` para incluir el número ingresado en el cálculo del factorial.
5. En cada iteración del bucle, se multiplica el valor actual de `factorial` por el valor de la iteración actual `i`, actualizando así el valor de `factorial`.

6. Una vez que se completa el bucle, se imprime el resultado del factorial del número ingresado utilizando una f-string que muestra el número ingresado y su factorial calculado.

Este código calcula el factorial de un número entero positivo ingresado por el usuario y muestra el resultado. Si el usuario ingresa un número negativo, se le solicita que ingrese un número positivo.

VISUALIZACIÓN DEL EJEMPLO

```
C:\SEMINARIO\PROYECTOS_PYTHON\venv\Script
Ingrese un número entero positivo: 0
El factorial de 0 es: 1
```

COLECCIONES

Listas en Python

En Python, una lista es una estructura de datos fundamental y versátil que te permite almacenar una colección ordenada de elementos. Estos elementos pueden ser de cualquier tipo de datos, como números, cadenas de texto, booleanos e incluso otras listas. La sintaxis básica para crear una lista en Python es bastante sencilla.

Sintaxis

```
mi_lista = [elemento1, elemento2, elemento3, ...]
```

Aquí hay una explicación más detallada de cada parte de esta sintaxis:

- **mi_lista:** Este es el nombre que asignamos a nuestra lista. Puedes elegir cualquier nombre válido de variable para tu lista. Este nombre se utilizará para hacer referencia a la lista en tu código.

- **[ ] (corchetes):** Estos corchetes indican que estamos creando una lista. También se utilizan para acceder a elementos específicos dentro de la lista.

- **elemento1, elemento2, elemento3,...:** Estos son los elementos individuales que queremos almacenar en nuestra lista. Pueden ser de cualquier tipo de datos válido en Python y están separados por comas.

EJEMPLO:

- En este ejemplo, hemos creado una lista llamada `mi_lista` que contiene los números del 1 al 5
- Además de crear listas con elementos predefinidos, también podemos crear listas vacías y agregar elementos más tarde usando diferentes métodos.

```
mi_lista = [1, 2, 3, 4, 5]
```

Operaciones comunes con listas:

1. **Acceder a elementos de la lista:** Puedes acceder a elementos individuales dentro de una lista utilizando su índice, que es la posición del elemento en la lista. En Python, los índices comienzan desde 0.

```
primer_elemento = mi_lista[0]  # Accede al primer elemento de la lista
segundo_elemento = mi_lista[1]  # Accede al segundo elemento de la lista
```

2. **Agregar elementos a la lista:** Puedes agregar elementos a una lista utilizando el método `append ( ) `.

```
mi_lista.append(6)  # Agrega el número 6 al final de la lista
```

3. **Eliminar elementos de la lista:** Puedes eliminar elementos de una lista utilizando la palabra clave `del` o el método `remove ( )`.

```
del mi_lista[0]  # Elimina el primer elemento de la lista
mi_lista.remove(3)  # Elimina el elemento 3 de la lista
```

4. **Longitud de la lista:** Puedes obtener la longitud (número de elementos) de una lista utilizando la función `len ( ) `.

```
longitud = len(mi_lista)  # Obtiene la longitud de la lista
```

5. **Rebanado (slicing) de listas:** Puedes obtener porciones de una lista utilizando el slicing.

```
sublista = mi_lista[2:5]
# Obtiene una sublista desde el tercer elemento hasta el quinto (sin incluirlo)
```

FUNCIONES UTILIZADAS EN LISTAS

En Python, una lista es una estructura de datos que puede contener múltiples elementos. Las funciones proporcionadas por Python para manipular listas permiten realizar una variedad de operaciones, como agregar elementos, eliminar elementos, ordenar la lista, etc. Estas funciones son esenciales para trabajar eficientemente con listas en Python.

Aquí hay algunas funciones comunes utilizadas con listas en Python:

1. **append ( ):** Esta función se utiliza para agregar un elemento al final de la lista.

```
lista = [1, 2, 3]
lista.append(4)
# Ahora lista será [1, 2, 3, 4]
```

2. **extend ( ):** Similar a append ( ), pero se utiliza para agregar varios elementos al final de la lista, en lugar de solo uno.

```
lista1 = [1, 2, 3]
lista2 = [4, 5, 6]
lista1.extend(lista2)
# Ahora lista1 será [1, 2, 3, 4, 5, 6]
```

3. **insert ( ):** Esta función se utiliza para insertar un elemento en una posición específica de la lista. Toma dos argumentos: el índice donde se insertará el elemento y el elemento mismo.

```
lista = [1, 2, 3]
lista.insert(1, 5)
# Ahora lista será [1, 5, 2, 3]
```

4. **remove ( ):** Se utiliza para eliminar la primera aparición de un elemento específico en la lista.

```
lista = [1, 2, 3, 4, 3]
lista.remove(3)
# Ahora lista será [1, 2, 4, 3]
```

5. **pop ( ):** Esta función se utiliza para eliminar y devolver el último elemento de la lista, o el elemento en una posición específica si se proporciona un índice.

```
lista = [1, 2, 3]
elemento = lista.pop()
# Ahora lista será [1, 2], y elemento será 3
```

6. **index ( ):** Se utiliza para encontrar el índice de la primera aparición de un elemento en la lista.

```
lista = [1, 2, 3, 4, 3]
indice = lista.index(3)
# Ahora indice será 2 (el índice de la primera aparición de 3)
```

7. **count ( ):** Esta función se utiliza para contar cuántas veces aparece un elemento en la lista.

```
lista = [1, 2, 3, 4, 3]
```

```
veces = lista.count(3)
# Ahora veces será 2 (3 aparece dos veces en la lista)
```

8. **sort ( ):** Se utiliza para ordenar los elementos de la lista.

```
lista = [3, 1, 4, 2]
lista.sort()
# Ahora lista será [1, 2, 3, 4]
```

9. **reverse ( ):** Se utiliza para invertir el orden de los elementos en la lista.

```
lista = [1, 2, 3]
lista.reverse()
# Ahora lista será [3, 2, 1]
```

EJEMPLO: CREACION DE LISTAS

Python-Pulsa un clic sobre el enlace para visualizar el código:
https://drive.google.com/file/d/1vorM9FWiqB7PTG2LCqdEYmUx5H1QyGVp/view?usp=sharing

```
#-1 Creamos una lista de diccionarios con información de los alumnos y sus calificaciones
alumnos = [
    {"nombre": "HECTOR", "cal": [10, 9.5, 8.6, 7.6]},
    {"nombre": "OSCAR", "cal": [9.76, 8.5, 7.6, 7.6]},
    {"nombre": "JESUS", "cal": [9.8, 7.5, 9.6, 8.6]}
]

#-2 Definimos la función para calcular el promedio de calificaciones
def calcular_promedio(cal):
    total = sum(cal)
    promedio = total / len(cal)
    return promedio

#-3 Definimos la función para determinar el estudiante con el promedio mayor
def mejor_estudiante(estudiantes):
    mejor_promedio = 0
    mejor_estudiante = None

    for alumno in estudiantes:
        promedio = calcular_promedio(alumno["cal"])
        if promedio > mejor_promedio:
            mejor_promedio = promedio
            mejor_estudiante = alumno["nombre"]
    return mejor_estudiante

#-4 Definimos la función para agregar una nueva calificación a un alumno específico
def agregar_calificacion(alumnos, nombre, cal):
```

```
    for alumno in alumnos:
        if alumno["nombre"] == nombre:
            alumno["cal"].append(cal)
            break
    else:
        print("El estudiante no se encontró") # Mensaje si el estudiante no se encuentra

----------------------------------------------------------------
#1-A Mostramos el promedio de cada alumno y sus calificaciones
for alumno in alumnos:
    nombre = alumno["nombre"]
    promedio = calcular_promedio(alumno["cal"])
    calificaciones = alumno["cal"]
    print(f"El promedio de: {nombre} es: {promedio}")
    print(f"Las calificaciones capturadas son: {calificaciones}")

#2-B Mostramos al mejor estudiante
mejor_alumno = mejor_estudiante(alumnos)
print(f"\nEl mejor estudiante es: {mejor_alumno}")

#3-C Agregar calificación
print("\nMODIFICAR PROMEDIOS")
nombre = input("Escribe el nombre del alumno: ")
cal = float(input("Ingresa calificación: "))

#4-D Invocamos la función para agregar la calificación
agregar_calificacion(alumnos, nombre, cal)

#5-E Actualizamos el promedio del alumno después de agregar la nueva calificación
for alumno in alumnos:
    if alumno["nombre"] == nombre:
        promedio = calcular_promedio(alumno["cal"])
        print(f"\nEl nuevo promedio del alumno {nombre} es: {promedio}")
```

El código proporcionado es un programa de Python que gestiona información sobre estudiantes y sus calificaciones. Aquí hay una explicación paso a paso del funcionamiento del programa:

1. Creación de la lista de diccionarios de alumnos y calificaciones:
   - Se define una lista llamada `alumnos`, donde cada elemento de la lista es un diccionario que contiene el nombre del alumno y una lista de calificaciones asociadas.
2. Definición de la función para calcular el promedio de calificaciones (`calcular_promedio`):
   - Se define una función llamada `calcular_promedio` que toma una lista de calificaciones como argumento y devuelve el promedio de esas calificaciones.

3. Definición de la función para determinar el estudiante con el promedio mayor (`mejor_estudiante`):
   - Se define una función llamada `mejor_estudiante` que toma la lista de estudiantes como argumento y devuelve el nombre del estudiante con el promedio más alto.
4. Definición de la función para agregar una nueva calificación (`agregar_calificacion`):
   - Se define una función llamada `agregar_calificacion` que toma la lista de alumnos, el nombre del alumno y una nueva calificación como argumentos. Esta función agrega la nueva calificación a la lista de calificaciones del alumno correspondiente.
5. Mostrar el promedio de cada alumno y sus calificaciones:
   - Se itera sobre la lista de alumnos, calcula el promedio de las calificaciones de cada uno y muestra el promedio junto con las calificaciones capturadas.
6. Mostrar al mejor estudiante:
   - Se determina al mejor estudiante invocando la función `mejor_estudiante` y se muestra su nombre.
7. Agregar calificación:

   - Se solicita al usuario ingresar el nombre del alumno y la nueva calificación. Luego se invoca la función `agregar_calificacion` para agregar la nueva calificación al alumno correspondiente.
8. Actualizar el promedio del alumno después de agregar la nueva calificación:
   - Se itera sobre la lista de alumnos para encontrar al alumno al que se le agregó la calificación y se recalcula su promedio, que se muestra al usuario.

El programa permite gestionar información sobre estudiantes, calcular sus promedios y agregar nuevas calificaciones, mostrando los resultados correspondientes.

VISUALIZACIÓN DEL EJEMPLO

```
C:\SEMINARIO\PROYECTOS_PYTHON\venv\Scripts\
El promedio de Juan es: 87.66666666666667
El promedio de María es: 91.33333333333333
El promedio de Pedro es: 81.0

El mejor estudiante es: María

Nota agregada a Juan.
El nuevo promedio de Juan es: 89.5
```

TUPLAS

En Python, una Tupla es una estructura de datos que permite almacenar una secuencia ordenada de elementos. A diferencia de las listas, las Tupla son **inmutables**, lo que significa que una vez creadas, no se pueden modificar, agregar o eliminar elementos individualmente. Esto las hace adecuadas para almacenar colecciones de datos que no cambiarán a lo largo del tiempo.

Sintaxis Básica:

- La sintaxis básica para definir una Tupla en Python es usar paréntesis () y separar los elementos con comas.

```
mi_tupla = (1, 2, 3, 4, 5)
```

También se pueden definir sin paréntesis, simplemente separando los elementos con comas:

Sintaxis

```
mi_tupla = 1, 2, 3, 4, 5
```

Acceder a los elementos de una Tupla:

- Para acceder a los elementos individuales de una Tupla, se utiliza la misma notación que se emplea en las listas, utilizando índices numéricos. La indexación en Python comienza desde 0. Por ejemplo:

```
mi_tupla = (1, 2, 3, 4, 5)

print(mi_tupla[0])  # Salida: 1
print(mi_tupla[2])  # Salida: 3
```

Propiedades de las Tuplas:

1. **Inmutabilidad:** Como se mencionó anteriormente, las Tuplas son inmutables, lo que significa que una vez que se crea una Tupla, no se puede modificar su contenido. Por ejemplo, intentar cambiar un elemento de una Tupla resultará en un error:

```
mi_tupla = (1, 2, 3)

mi_tupla[0] = 4  # Esto generará un error
```

2. **Iterabilidad:** Las Tuplas son iterables, lo que significa que se pueden recorrer utilizando bucles for o mediante funciones que aceptan iterables, como **for** y **while**.

```
mi_tupla = (1, 2, 3)

for elemento in mi_tupla:
    print(elemento)
```

3. **Longitud fija:** Una vez que se crea una Tupla, su longitud no cambia. Esto significa que no se pueden agregar ni eliminar elementos de una Tupla después de que se crea.

Uso de Tuplas:

- Las Tuplas son útiles cuando se necesita almacenar una colección de elementos que no cambiarán, como por ejemplo:
  - Coordenadas geográficas (latitud, longitud).
  - Días de la semana.
  - Meses del año.
  - Nombres de los meses en diferentes idiomas.
  - Valores constantes que no deben modificarse durante la ejecución del programa.

FUNCIONES: TUPLA

Las funciones de Tuplas en Python son operaciones que podemos realizar sobre las Tuplas para obtener cierta información o manipularlas de alguna manera. Aquí tienes algunas de las funciones más comunes relacionadas con las Tuplas:

1. **len ( ):** Esta función se utiliza para obtener la longitud de una Tupla, es decir, el número de elementos que contiene.

```
mi_tupla = (1, 2, 3, 4, 5)

print(len(mi_tupla))  # Output: 5
```

2. **index ( ):** Esta función se utiliza para encontrar el índice de la primera aparición de un elemento específico dentro de una Tupla.

```
mi_tupla = (10, 20, 30, 40, 50)

print(mi_tupla.index(30))  # Output: 2
```

3. **count ( ):** Esta función se utiliza para contar cuántas veces aparece un elemento específico dentro de una Tupla.

```
mi_tupla = (1, 2, 2, 3, 3, 3, 4, 4, 4, 4)

print(mi_tupla.count(3))  # Output: 3
```

4. **max ( ) y min ( ):** Estas funciones se utilizan para encontrar el valor máximo y mínimo en una Tupla, respectivamente. Funcionan tanto para Tuplas de números como para Tuplas de strings (en este caso, el orden es alfabético).

```
mi_tupla_numeros = (10, 20, 5, 40, 30)
mi_tupla_strings = ("banana", "manzana", "pera", "naranja")
```

```python
print(max(mi_tupla_numeros))  # Output: 40
print(min(mi_tupla_numeros))  # Output: 5
print(max(mi_tupla_strings))  # Output: pera
print(min(mi_tupla_strings))  # Output: banana
```

5. **sorted ( ):** Esta función se utiliza para ordenar los elementos de una Tupla y devuelve una lista con los elementos ordenados. No modifica la Tupla original.

```python
mi_tupla = (3, 1, 4, 1, 5, 9, 2)

tupla_ordenada = sorted(mi_tupla)
print(tupla_ordenada)  # Output: [1, 1, 2, 3, 4, 5, 9]
```

Estas son solo algunas de las funciones más comunes que se pueden aplicar a las Tuplas en Python. Son útiles para manipular y obtener información de las Tuplas de manera eficiente en tus programas.

EJEMPLO: TUPLA PARA ALMACENAR INFORMACIÓN

Python:

https://drive.google.com/file/d/1433UfKZ7s8HxIETN14t2Qd0DvsgIfwis/view?usp=sharing

```python
#-1 Definición de una Tupla para almacenar información
alumno = ("Juan", 19, "Ingeniería en Software")
Impresión utilizando índices
print("Impresión de los valores de la Tupla, por medio de índices")
print(f"Nombre: {alumno[0]}, Edad: {alumno[1]}, Carrera: {alumno[2]} ")

#Modificar
alumno[0]="PEDRO" #Esto generará un error

#-2 Definición de una lista de Tuplas
estudiantes = [
    ("María", 20, "Ingeniería Industrial"),
    ("Pedro", 21, "Ingeniería en Mecatrónica"),
    ("Ana Luisa", 22, "Ingeniería en Tecnología de Alimentos")
]

Impresión de la lista de Tuplas utilizando un bucle
print("\nImpresión de los valores de la lista de Tupla, por medio de un bucle")
for estudiante in estudiantes:
    print(f"Nombre: {estudiante[0]}, Edad: {estudiante[1]}, Carrera: {estudiante[2]}")


#-3 Modificación de la información de la primer Tupla
print("\nModificar los datos de la primer Tupla")
# Impresión utilizando índices
print(f"Nombre: {alumno[0]}, Edad: {alumno[1]}, Carrera: {alumno[2]} ")
nombre = input("Ingresa el nombre: ")
```

```
edad = int(input("Ingresa la edad: "))
carrera = input("Ingresa la carrera: ")


#-4 Creación de una nueva Tupla, con la información modificada
alumno = (nombre, edad, carrera)
print("\nDatos Actualizados Creando una nueva Tupla")
print(f"Nombre: {alumno[0]}, Edad: {alumno[1]}, Carrera: {alumno[2]}")
```

Este código muestra cómo se pueden utilizar Tuplas para almacenar información sobre estudiantes universitarios. Incluye la definición de una Tupla individual para un estudiante, una lista de Tuplas para almacenar múltiples estudiantes, la impresión de la información de los estudiantes y la modificación de la información de un estudiante. Los comentarios explican cada parte del código para que sea comprensible para los alumnos.

VISUALIZACIÓN DEL EJEMPLO

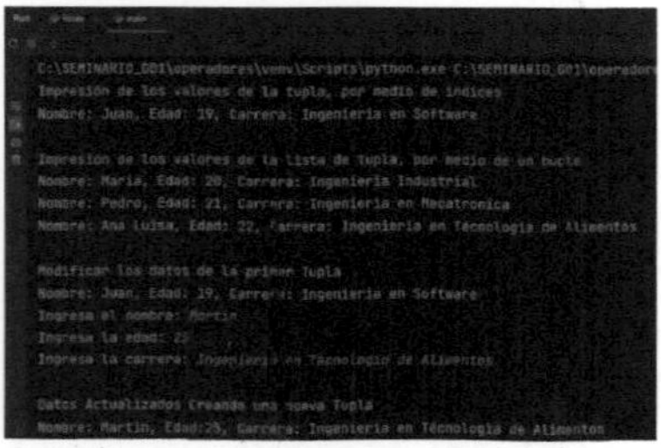

```
C:\SEMINARIO_G01\operadores\venv\Scripts\python.exe C:\SEMINARIO_G01\operador
Impresión de los valores de la tupla, por medio de indices
Nombre: Juan, Edad: 19, Carrera: Ingenieria en Software

Impresion de los valores de la lista de Tupla, por medio de un bucle
Nombre: Maria, Edad: 20, Carrera: Ingenieria Industrial
Nombre: Pedro, Edad: 21, Carrera: Ingenieria en Mecatronica
Nombre: Ana Luisa, Edad: 22, Carrera: Ingenieria en Tecnologia de Alimentos

Modificar los datos de la primer Tupla
Nombre: Juan, Edad: 19, Carrera: Ingenieria en Software
Ingresa el nombre: Martin
Ingresa la edad: 25
Ingresa la carrera: Ingenieria en Tecnologia de Alimentos

Datos Actualizados Creando una nueva Tupla
Nombre: Martin, Edad:25, Carrera: Ingenieria en Tecnologia de Alimentos
```

COLECCIÓN SET

En Python, las colecciones son estructuras de datos que nos permiten almacenar, organizar y manipular grupos de elementos de manera eficiente. Una de estas colecciones es el "**set**" (conjunto en español), que es una colección desordenada de elementos únicos. Aquí tienes una explicación detallada de la sintaxis y el funcionamiento de los conjuntos en Python:

1. **Declaración de un conjunto:**
   - Para crear un conjunto en Python, utilizamos llaves { } o la función **set ( ).**

```
mi_set = {1, 2, 3, 4, 5}
otro_set = set([4, 5, 6, 7, 8])
```

2. **Elementos únicos:**

- Los conjuntos en Python no pueden contener elementos duplicados. Si intentamos agregar un elemento que ya está presente en el conjunto, no se producirá ningún cambio en el conjunto.

3. **No hay orden garantizado:**
   - A diferencia de las listas o Tuplas, los conjuntos no mantienen ningún orden específico de los elementos. Esto significa que no puedes acceder a los elementos de un conjunto mediante un índice.
4. **Operaciones de conjunto:**
   - Los conjuntos en Python admiten varias operaciones de conjunto estándar, como **unión**, **intersección**, **diferencia** y **diferencia simétrica**.

     - **Unión (| o union ( )):** Combina dos conjuntos y devuelve un nuevo conjunto con todos los elementos únicos.
     - **Intersección (& o intersection ( )):** Devuelve un conjunto que contiene elementos que están presentes en ambos conjuntos.
     - **Diferencia (- o difference ( )):** Devuelve un conjunto que contiene elementos que están presentes en el primer conjunto pero no en el segundo.
     - **Diferencia simétrica (^ o symmetric_difference ( )):** Devuelve un conjunto que contiene elementos que están en uno de los conjuntos, pero no en ambos.

Ejemplo:

```
conjunto1 = {1, 2, 3, 4, 5}
conjunto2 = {4, 5, 6, 7, 8}

union = conjunto1 | conjunto2  # o conjunto1.union(conjunto2)
interseccion = conjunto1 & conjunto2  # o conjunto1.intersection(conjunto2)
diferencia = conjunto1 - conjunto2  # o conjunto1.difference(conjunto2)
diferencia_simetrica = conjunto1 ^ conjunto2  # o conjunto1.symmetric_difference(conjunto2)
```

5. **Métodos de conjunto adicionales:**
   - Además de las operaciones mencionadas anteriormente, los conjuntos en Python tienen varios métodos útiles, como add( ), remove( ), discard( ), clear( ), copy( ), etc., que se utilizan para agregar, eliminar, vaciar, copiar, etc., elementos del conjunto.

6. **Inmutabilidad de elementos:**
   - Los conjuntos en Python solo pueden contener elementos inmutables. Esto significa que no puedes tener conjuntos de conjuntos o conjuntos de listas, pero puedes tener conjuntos de Tuplas ya que las Tuplas son inmutables.

Los conjuntos en Python son una herramienta poderosa para manejar colecciones de elementos únicos de manera eficiente, proporcionando una variedad de operaciones útiles para manipularlos según sea necesario en tus programas.

EJEMPLO: **CREACIÓN DE SET, PARA ALMACENAR DATOS**

Python:

```
# Creamos un conjunto para almacenar los alumnos que asistieron al evento A
asistentes_ev_A = {"Juan", "María", "Carlos", "Ana", "Pedro"}

# Creamos un conjunto para almacenar los alumnos que asistieron al evento B
asistentes_ev_B = {"Ana", "Pedro", "Luis", "Elena", "Sofia"}

# Mostramos los asistentes de cada evento
print(f"Asistentes del evento tipo-A: {asistentes_ev_A} ")
print(f"Asistentes del evento tipo-B: {asistentes_ev_B} ")

# ¿Qué alumnos asistieron a ambos eventos?
asis_ambos_ev = asistentes_ev_A.intersection(asistentes_ev_B)
print(f"\nAlumnos que asistieron a ambos eventos: {asis_ambos_ev}")

# ¿Qué alumnos asistieron al menos a un evento?
asis_un_ev = asistentes_ev_A.union(asistentes_ev_B)
print(f"\nAlumnos que asistieron al menos a un evento: {asis_un_ev}")

# ¿Qué alumnos asistieron solo a uno de los eventos?
asis_solo_un_ev = asistentes_ev_A.difference(asistentes_ev_B)
print(f"\nAlumnos que asistieron solo a uno de los eventos: {asis_solo_un_ev}")
```

Se ha creado un programa que gestiona la información de asistentes a dos eventos diferentes, denominados evento A y evento B. Para ello, se han utilizado conjuntos en Python para almacenar los nombres de los alumnos que asistieron a cada uno de los eventos.

- Se definen dos conjuntos, `asistentes_ev_A` y `asistentes_ev_B`, que contienen los nombres de los alumnos que asistieron a los eventos A y B respectivamente.
- Se imprime en pantalla la lista de asistentes para cada uno de los eventos.
  - Se determina qué alumnos asistieron a ambos eventos utilizando el método `**intersection**()` de conjuntos y se guarda el resultado en la variable `asis_ambos_ev`.
  - Se determina qué alumnos asistieron al menos a uno de los eventos utilizando el método `**union**()` de conjuntos y se guarda el resultado en la variable `asis_un_ev`.
  - Se determina qué alumnos asistieron solo a uno de los eventos utilizando el método `**difference**()` de conjuntos y se guarda el resultado en la variable `asis_solo_un_ev`.

- Finalmente, se imprimen en pantalla los resultados obtenidos en cada una de estas operaciones.

VISUALIZACIÓN DEL EJEMPLO

```
C:\SEMINARIO_G01\operadores\venv\Scripts\python.exe C:\SEMINARIO_G01\operadores\main.py
Asistentes del evento tipo-A: {'Ana', 'Pedro', 'Carlos', 'Juan', 'Maria'}
Asistentes del evento tipo-B: {'Luis', 'Pedro', 'Sofia', 'Ana', 'Elena'}

¿Qué alumnos asistieron a ambos eventos?
Alumnos que asistieron a ambos eventos: {'Pedro', 'Ana'}

¿Qué alumnos asistieron almenos a un evento?
Alumnos que asistieron a ambos eventos: {'Pedro', 'Maria', 'Luis', 'Sofia', 'Carlos', 'Juan', 'Ana', 'Elena'}

¿Qué alumnos asistieron solo a uno de los eventos?
Alumnos que asistieron a ambos eventos: {'Carlos', 'Juan', 'Maria'}

Process finished with exit code 0
```

DICIONARIOS

En Python, existen varios tipos de colecciones integradas que son ampliamente utilizadas, y una de las más poderosas y versátiles es el "**diccionario**".

Los diccionarios en Python son una estructura de datos que permite almacenar pares clave-valor. Cada elemento en un diccionario está formado por una clave única y su correspondiente valor. Los diccionarios son muy flexibles y pueden contener cualquier tipo de objeto como valor, incluso otros diccionarios.

Características clave de los diccionarios:

1. **Asociación clave-valor:** Cada elemento en un diccionario consiste en una clave única y su valor asociado. Esta asociación permite una recuperación rápida y eficiente de los valores basada en sus claves.
2. **Mutabilidad:** Los diccionarios son estructuras de datos mutables, lo que significa que pueden cambiar después de haber sido creados. Esto incluye la adición, modificación o eliminación de elementos.
3. **Claves únicas:** Cada clave en un diccionario debe ser única. Si se intenta agregar una clave que ya existe, el valor asociado con esa clave se actualizará con el nuevo valor proporcionado.
4. **No ordenados:** A diferencia de las listas, los diccionarios no tienen un orden definido para sus elementos. Esto significa que los elementos no se almacenan en ninguna secuencia específica y no se pueden acceder por un índice numérico.

Creación de diccionarios:

En Python, los diccionarios se crean utilizando llaves { } y especificando pares **clave-valor** separados por comas.

Ejemplo:

```
mi_diccionario = {"nombre": "Juan", "edad": 25, "ciudad": "Madrid"}
```

1. **Acceso a los valores del diccionario:**
   - Para acceder al valor asociado con una clave específica en un diccionario, simplemente se usa la sintaxis de corchetes [ ] con la clave correspondiente.

   ```
   print(mi_diccionario["nombre"])  # Esto imprimirá "Juan"
   ```

2. **Modificación y adición de elementos:**
   - Los valores en un diccionario pueden ser modificados simplemente asignando un nuevo valor a una clave existente. Además, se pueden agregar nuevos pares clave-valor simplemente asignando un valor a una clave que aún no existe en el diccionario.
3. **Eliminación de elementos:**
   - Se puede eliminar un elemento de un diccionario utilizando la palabra clave del seguida de la clave que se desea eliminar.

   ```
   del mi_diccionario["ciudad"]
   # Esto eliminará el par clave-valor con clave "ciudad"
   ```

Aplicaciones comunes de los diccionarios:

- **Almacenamiento de datos estructurados:** Los diccionarios son ideales para almacenar datos estructurados donde cada elemento necesita ser accesible mediante una clave única.
- **Configuración y opciones:** Se utilizan comúnmente para almacenar configuraciones de aplicaciones, opciones de usuario y otros datos similares donde es útil asociar valores con nombres descriptivos.
- **Conteo y seguimiento:** Los diccionarios son útiles para realizar un seguimiento de conteos y frecuencias de elementos en una colección, como contar palabras en un texto.

Los diccionarios son una herramienta poderosa y versátil en Python que se utilizan ampliamente en una variedad de aplicaciones debido a su flexibilidad y eficiencia en la manipulación de datos.

EJEMPLO: CREACIÓN DE DICCIONARIO, PARA ALMACENAR INFORMACIÓN DE ESTUDIANTES

Python:
https://drive.google.com/file/d/1yKg5vpA9U__OzhSjGN13f28Peo6eeQ8Q/view?usp=sharing

```
# Creamos un diccionario para almacenar la información de los alumnos
alumnos = {}

# Función para agregar un nuevo estudiante al diccionario de alumnos
def agregar_alumno(nombre, edad, materia):
    alumnos[nombre] = {'edad': edad, 'materia': materia}


# Función que imprime la información de un estudiante dado su nombre
def imprime_informacion(nombre):
    if nombre in alumnos:
        print(f"Nombre del alumno: {nombre}")
        print(f"Edad: {alumnos[nombre]['edad']}")

        print("\nCursos en los que está inscrito el alumno:")
        for materia in alumnos[nombre]['materia']:
            print(f"- {materia}")
    else:
        print(f"No se encontró información del estudiante: {nombre}")


# Función que imprime la lista de todos los alumnos
def imprimir_lista():
    print("\nLista de alumnos:")
    for nombre, info in alumnos.items():
        print(f"{nombre}, Edad: {info['edad']}, Materias: {', '.join(info['materia'])}")


# ----------------------------------------------------------
# Inicializa el programa
if __name__ == "__main__":
    # Agregamos algunos estudiantes al diccionario de alumnos
    agregar_alumno("Juan", 18, ["Matemáticas", "Programación Estructurada"])
    agregar_alumno("María", 19, ["Física", "Programación Orientada a Objetos"])

# Solicita el nombre de un alumno y luego imprime su información
nombre = input("Ingresa el nombre del alumno que deseas imprimir: ")
imprime_informacion(nombre)

# Imprime la lista de todos los alumnos
imprimir_lista()
```

El código proporcionado define un programa que gestiona la información de los alumnos utilizando un diccionario en Python. Aquí está el flujo de funcionamiento:

1. Se inicializa un diccionario llamado `alumnos` para almacenar la información de los alumnos.
2. Se define una función llamada `agregar_alumno` que toma el nombre, la edad y las materias del alumno como argumentos y agrega esta información al diccionario `alumnos`.
3. Se define una función llamada `imprime_informacion` que toma el nombre de un alumno como argumento y verifica si está en el diccionario `alumnos`. Si lo está, imprime su nombre, edad y las materias en las que está inscrito. Si no está en el diccionario, muestra un mensaje indicando que no se encontró información del estudiante.
4. Se define una función llamada `imprimir_lista` que imprime la lista de todos los alumnos, mostrando sus nombres, edades y las materias en las que están inscritos.
5. Se agregan algunos alumnos al diccionario `alumnos` dentro del bloque `if _ _name_ _ == "_ _main_ _":`, que es ejecutado cuando el script se ejecuta directamente.
6. Se solicita al usuario que ingrese el nombre de un alumno y luego se imprime su información utilizando la función `imprime_informacion`.
7. Finalmente, se imprime la lista de todos los alumnos utilizando la función `imprimir_lista`.

Este programa permite agregar información de alumnos, buscar información sobre un alumno específico e imprimir una lista de todos los alumnos con sus respectivas edades y materias inscritas.

VISUALIZACIÓN DEL EJEMPLO

```
C:\SEMINARIO_G01\operadores\venv\Scripts\python.exe "C:/Program Files/JetBr
Connected to pydev debugger (build 231.8770.66)
Ingresa el nombre del alumno, que deseas imprimir: Juan
Nombre del alumno: Juan
Edad: 18

Cursos en los que esta inscrito el alumno
-Matematicas, Programación Estructurada

Lista de alumnos
Juan, Edad:18, Materias:Matematicas, Programación Estructurada
Maria, Edad:19, Materias:Fisica, Programación Orientada a Objetos
```

FUNCIONES

Las funciones en Python son bloques de código reutilizables diseñados para realizar una tarea específica. Son una parte fundamental de la programación modular, ya que permiten dividir un programa en partes más pequeñas y manejables. Aquí hay una explicación detallada de la sintaxis de las funciones en Python:

Definición de una Función:

- Para definir una función en Python, utilizamos la palabra clave def, seguida del nombre de la función y paréntesis (). Estos paréntesis pueden contener los parámetros de entrada de la función, que son valores que la función puede recibir y utilizar para realizar su tarea. Después de los paréntesis, se coloca unos dos puntos: para indicar el inicio del bloque de código de la función, que debe estar indentado.

  Sintaxis

```
def nombre_de_la_funcion(parametro1, parametro2):
    # Bloque de código de la función
    # Puede contener una o más instrucciones
```

Llamada de una Función:

- Una vez que hemos definido una función, podemos llamarla en cualquier parte de nuestro programa utilizando su nombre y proporcionando los valores necesarios para sus parámetros, si los tiene. La llamada a una función simplemente ejecuta el bloque de código dentro de ella.

  Sintaxis

```
nombre_de_la_funcion(valor1, valor2)
```

Parámetros y Argumentos:

- Los parámetros son variables que se utilizan en la definición de una función para representar los valores que la función espera recibir cuando se llama. Los argumentos son los valores reales que se pasan a una función cuando se la llama.

  Ejemplo:

```
def saludar(nombre):
    print("¡Hola,", nombre, "!")

# "nombre" es el parámetro de la función "saludar"
# "Miguel" es el argumento que se pasa a la función al llamarla
saludar("Miguel")
```

Valor de Retorno:

- Las funciones pueden devolver un valor utilizando la palabra clave return. Este valor puede ser de cualquier tipo de dato (números, cadenas, listas, etc.). Una vez que se alcanza una instrucción return, la ejecución de la función se detiene y el valor especificado se devuelve al lugar donde se llamó a la función.

Ejemplo:

```
def suma(a, b):
    return a + b

resultado = suma(3, 5)
print(resultado)    # Imprimirá: 8
```

Funciones sin Parámetros:

- No todas las funciones necesitan parámetros. Podemos definir funciones que no requieran ningún valor de entrada.

  Ejemplo:

```
def saludar():
    print("¡Hola, mundo!")

saludar()  # Llamada a la función sin argumentos
```

Documentación de Funciones (Docstrings):

- Es una buena práctica incluir una cadena de documentación (docstring) al inicio de la definición de una función. Esto describe brevemente lo que hace la función y proporciona información sobre sus parámetros y el valor de retorno.

  Ejemplo:

```
def suma(a, b):
    """
    Esta función devuelve la suma de dos números.

          Parámetros:
          a (int): El primer número.
          b (int): El segundo número.

          Returns:
          int: La suma de a y b.
    """
    return a + b
```

Las funciones en Python son una herramienta poderosa que nos permite escribir código más legible, reutilizable y modular.

EJEMPLO: <u>REALIZAR UNA FUNCIÓN, QUE PERMITA CALCULAR LA MEDIA</u>

Python:

```
# Definir una función para calcular la media
def calcular_media(lista):
    # Sumar todos los elementos de la lista
    suma = sum(lista)
```

```
    # Obtener la cantidad de elementos en la lista
    cantidad = len(lista)
    # Calcular la media dividiendo la suma entre la cantidad de elementos
    media = suma / cantidad
    return media

# Función para solicitar una lista de números al usuario
def solicitar_lista_numeros():
    numeros = []
    while True:
        try:
            # Solicitar al usuario ingresar un número o 'fin' para terminar
            entrada = input("Ingresa un número (o 'fin' para terminar): ")
            if entrada.lower() == 'fin':
                # Si el usuario ingresa 'fin', salir del bucle
                break
            # Convertir la entrada a un número de punto flotante y agregarlo a la lista
            numeros.append(float(entrada))

        except ValueError:
            # Si se produce una excepción al intentar convertir la entrada a un número, mostrar un mensaje de error
            print("Por favor, ingresa un número válido.")
    return numeros

# Función principal
def main():
    # Imprimir mensaje de bienvenida y explicación del programa
    print("Este programa calcula la media de una lista de números.")
    # Solicitar al usuario que ingrese una lista de números
    lista_numeros = solicitar_lista_numeros()

    if lista_numeros:
        # Si la lista no está vacía, calcular la media
        media = calcular_media(lista_numeros)
        # Imprimir la media calculada
        print("La media de la lista es:", media)
    else:
        # Si la lista está vacía, mostrar un mensaje indicando que no se puede calcular la media
        print("La lista está vacía. No se puede calcular la media.")

------------------------------------------------------------------

if _ _name_ _ == "_ _main_ _":
    # Llamar a la función principal si este script se ejecuta como el programa principal
    main()
```

Este código define un programa en Python que calcula la media de una lista de números ingresados por el usuario. Primero, hay una función llamada `calcular_media (lista) ` que toma una lista de números como entrada y devuelve la media de esos números. Luego, hay otra función llamada `solicitar_lista_numeros ()` que solicita al usuario que ingrese una lista de números, uno por uno. Esta función convierte cada entrada del usuario en un número de punto flotante y lo agrega a una lista. El usuario puede ingresar 'fin' para indicar que ha terminado de ingresar números.

La función principal `main () ` imprime un mensaje de bienvenida y explicación del programa, luego solicita al usuario que ingrese una lista de números utilizando la función `solicitar_lista_numeros ( ) `. Si la lista no está vacía, calcula la media utilizando la función `calcular_media (lista_numeros) ` y la imprime. Si la lista está vacía, indica que no se puede calcular la media.

El programa se ejecuta llamando a la función `main ( ) ` solo si el script se ejecuta como el programa principal.

VISUALIZACIÓN DEL EJEMPLO

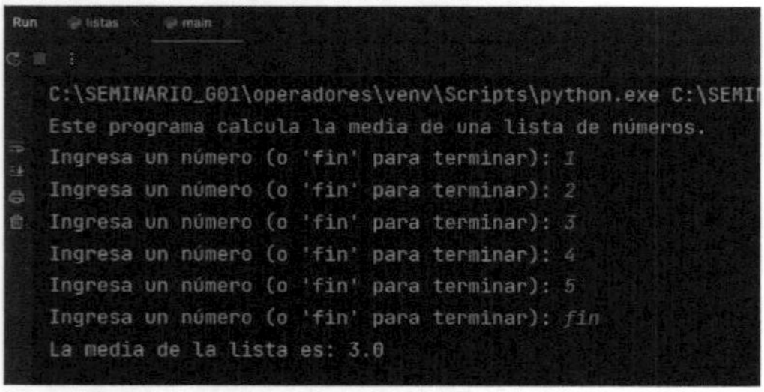

```
Run   listas   main
C:\SEMINARIO_G01\operadores\venv\Scripts\python.exe C:\SEMI
Este programa calcula la media de una lista de números.
Ingresa un número (o 'fin' para terminar): 1
Ingresa un número (o 'fin' para terminar): 2
Ingresa un número (o 'fin' para terminar): 3
Ingresa un número (o 'fin' para terminar): 4
Ingresa un número (o 'fin' para terminar): 5
Ingresa un número (o 'fin' para terminar): fin
La media de la lista es: 3.0
```

CLASES Y OBJETOS

Clases y objetos son conceptos fundamentales en la programación orientada a objetos (**OOP**) en Python. A continuación, te proporcionaré una explicación detallada de su sintaxis en este lenguaje:

1. Definición de una clase:

En Python, una clase se define utilizando la palabra clave **self**, seguida del nombre de la clase. Por convención, los nombres de las clases suelen comenzar con una letra mayúscula. Por ejemplo:

python

```
class MiClase:

    def _ _init_ _(self, parametro):
        self.atributo_instancia = parametro
```

2. Atributos de clase:

Los atributos de clase son variables que están asociadas a la clase en su conjunto, en lugar de a instancias individuales de la clase. Se definen dentro de la clase pero fuera de cualquier método. Pueden ser accedidos por todas las instancias de la clase y también directamente a través de la clase misma. Por ejemplo:

python

```
class MiClase:

    atributo_clase = "Valor del atributo de clase"
```

3. Métodos de clase:

Los métodos de clase son funciones definidas dentro de una clase que operan en los atributos de clase o en instancias específicas de la clase. Se definen usando la palabra clave **`def`** dentro de la clase. Por convención, el primer parámetro de un método de clase se llama **`self`** y se utiliza para hacer referencia a la instancia de la clase. Por ejemplo:

python

```
class MiClase:

    def metodo_clase(self):
        # cuerpo del método
```

4. Instanciación de objetos:

Para crear objetos **(instancias)** de una clase, simplemente llamamos al nombre de la clase seguido de paréntesis. Esto invoca al método especial **`_ _init_ _`**, que se utiliza para inicializar los atributos de una nueva instancia. Por convención, **`_ _init_ _`** toma **`self`** como primer parámetro, seguido de otros parámetros que pueden utilizarse para inicializar los atributos de la instancia. Por ejemplo:

python

```
class MiClase:

    def _ _init_ _(self, parametro):
        self.atributo_instancia = parametro
```

5. Acceso a atributos y métodos:

Los atributos y métodos de una clase pueden ser accedidos utilizando la notación de punto (`.`). Para acceder a un atributo o llamar a un método en una instancia de la clase, simplemente escribimos el nombre de la instancia seguido de un punto y el nombre del atributo o método. Por ejemplo:

python

```
objeto = MiClase()

print(objeto.atributo_instancia)
```

```
objeto.metodo_clase()
```

6. Herencia:

La herencia permite que una clase (**subclase**) herede **atributos** y **métodos** de otra clase (**superclase**). Esto se logra colocando el nombre de la superclase entre paréntesis después del nombre de la subclase. La subclase puede sobrescribir métodos de la superclase o agregar nuevos métodos y atributos. Por ejemplo:

python

```
class SubClase(SuperClase):

    # cuerpo de la subclase
```

7. Método especial `_ _str_ _`:

El método especial `_ _str_ _` permite definir cómo se debe representar una instancia de una clase como una cadena de texto cuando se utiliza la función `**str ()** `. Esto es útil para proporcionar una representación legible de los objetos de una clase. Por ejemplo:

python

```
class MiClase:

    def _ _str_ _(self):

        return "Representación de la clase"
```

Estos son los conceptos básicos de la sintaxis de clases y objetos en Python. La comprensión de estos conceptos es fundamental para la programación orientada a objetos en Python y te permitirá crear programas más estructurados y modulares.

EJEMPLO: CLASES Y OBJETOS

```
# Definición de la clase "Persona"
class Persona:
    def _ _init_ _(self, nombre, edad):
        self.nombre = nombre
        self.edad = edad

    def saludar(self):
        print(f"Hola, mi nombre es {self.nombre} y tengo {self.edad} años.")

# Creación de objetos de la clase Persona
```

```
persona1 = Persona("Juan", 30)
persona2 = Persona("María", 25)

# Accediendo a los atributos y métodos de los objetos
print(persona1.nombre)  # Imprime: Juan
print(persona2.edad)    # Imprime: 25

persona1.saludar()  # Imprime: Hola, mi nombre es Juan y tengo 30 años.
persona2.saludar()  # Imprime: Hola, mi nombre es María y tengo 25 años.
```

Este código en Python es una muestra básica de cómo definir una clase llamada **"Persona"** y crear instancias de esta clase para representar diferentes personas con sus respectivos nombres y edades. A continuación, una explicación técnica de cada parte del código:

1. Definición de la clase "Persona":

- Se define una clase llamada "Persona" utilizando la palabra clave **self**.
- La clase tiene un método especial `**__init__**`, que es el constructor de la clase. Este método se llama automáticamente cada vez que se crea una nueva instancia (objeto) de la clase.
- El método `**__init__**` toma tres parámetros: `**self**`, `nombre` y `edad`. `**self**` es una referencia a la instancia actual de la clase y se utiliza para acceder a variables y métodos de la instancia. `nombre` y `edad` son los atributos que se asignarán a la instancia.
- Dentro del método `**__init__**`, se asignan los valores de `nombre` y `edad` a los atributos `**self**.nombre` y `**self**.edad`, respectivamente.

2. Método `saludar ( )`:

- Este método imprime un mensaje de saludo utilizando los valores de `nombre` y `edad` de la instancia en la que se llama.
- El método `saludar ( )` también toma `**self**` como parámetro, lo que significa que puede acceder a los atributos de la instancia actual.

3. Creación de objetos de la clase Persona:

- Se crean dos instancias de la clase "Persona" utilizando la clase como si fuera una función. Se pasan los valores de `nombre` y `edad` como argumentos.

4. Accediendo a los atributos y métodos de los objetos:

- Se accede a los atributos `nombre` y `edad` de las instancias `persona1` y `persona2`, respectivamente, utilizando la notación de punto (`. `).
- Se llama al método `saludar ( )` en cada instancia para que cada persona imprima su propio mensaje de saludo.

Este código muestra cómo definir una clase en Python, crear instancias de esa clase y acceder a los atributos y métodos de esas instancias. Es un ejemplo básico de programación orientada a objetos en Python.

CREACIÓN DE CLASES

Paso 1: Abre PyCharm.
Paso 2: Crea un nuevo proyecto o abre un proyecto existente.
Paso 3: Haz clic derecho en la carpeta donde deseas crear la clase en el panel izquierdo de PyCharm y selecciona "**New**" (Nuevo) -> "**Python File**" (Archivo de Python).
Paso 4: Dale un nombre significativo al archivo de Python que estás creando y presiona Enter.
Paso 5: Abre el archivo de Python recién creado haciendo doble clic en él en el panel izquierdo de PyCharm.
Paso 6: En el archivo de Python, comienza escribiendo la definición de tu clase. Por ejemplo:

python
```
class MiClase:
    def _ _init_ _(self, parametro1, parametro2):

        self.parametro1 = parametro1
        self.parametro2 = parametro2

    def metodo_de_ejemplo(self):
        # aquí va el código del método
        Pass
```

Paso 7: Define el **constructor** de la clase utilizando el método especial `**_ _init_ _()**` para inicializar las variables de instancia. Esto es opcional, pero muy común en Python.
Paso 8: Define cualquier otro método que desees en tu clase. Los métodos son funciones definidas dentro de una clase y se definen de manera similar a las funciones normales, pero deben incluir un primer parámetro llamado `**self**`, que es una referencia a la instancia actual de la clase.

CLASE DERIVADA

En Python, la herencia es una característica fundamental que permite a una clase (llamada clase derivada o clase hija) heredar atributos y métodos de otra clase (llamada clase base o clase padre). Esto se logra mediante la definición de una nueva clase que extiende las funcionalidades de una clase existente. La sintaxis para definir una clase derivada en Python es bastante sencilla y sigue el siguiente formato:

python
```
class ClaseBase:
    # Definición de atributos y métodos de la clase base

class ClaseDerivada(ClaseBase):
    # Definición de atributos y métodos adicionales o modificados
    # que pertenecen específicamente a la clase derivada
```

Aquí tienes una explicación detallada de la sintaxis:

1. Definición de la clase base (`ClaseBase`):

- La clase base es la clase de la que la clase derivada hereda **atributos** y **métodos**.
- Se define utilizando la palabra clave **self**, seguida del nombre de la clase (`ClaseBase` en este ejemplo).
- Después de la declaración de la clase, se utilizan dos puntos (**`:`**) para indicar el inicio del bloque de definición de la clase.
- Dentro de este bloque, se pueden definir atributos (**variables**) y **métodos** (funciones) que pertenecen a esta clase.

2. Definición de la clase derivada (`ClaseDerivada`):

- La clase derivada es una nueva clase que hereda de la clase base.
- Se define utilizando la palabra clave **self**, seguida del nombre de la clase (**`ClaseDerivada`** en este ejemplo).
- Después del nombre de la clase, se coloca el nombre de la clase base de la que se va a heredar, seguido de paréntesis (en este caso, **`ClaseBase`**).
- De nuevo, se utiliza dos puntos (**`:`**) para indicar el inicio del bloque de definición de la clase derivada.
- Dentro de este bloque, se pueden definir **atributos** y **métodos** adicionales que pertenecen específicamente a esta clase derivada. Estos pueden ser nuevos atributos y métodos, o pueden modificar los existentes de la clase base mediante la redefinición (también conocida como sobrescritura) de los mismos.

La sintaxis para definir una clase derivada en Python es bastante clara y concisa. Una vez que una clase derivada ha sido definida, puede instanciarse (**crear objetos**) y utilizar tanto los atributos y métodos heredados de la clase base como los definidos específicamente para la clase derivada. Esto proporciona un mecanismo poderoso para la reutilización de código y la organización de la lógica en programas orientados a objetos.

EJEMPLO: CLASE DERIVADA

Python: Pulsa un clic sobre el enlace para visualizar el código:
https://drive.google.com/file/d/1ZmSzjjWgV5nPFKp7u92igqhcoMRDt5DD/view?usp=sharing

```
class Animal:
    # Atributo de clase
    especie = "Desconocida"

    # Constructor con atributos de instancia
    def _ _init_ _(self, nombre, edad):
        self.nombre = nombre
        self.edad = edad

    # Método de instancia
    def hacer_sonido(self):
```

```
        pass  # Este método se implementará en las clases derivadas

# Clase derivada que hereda de Animal
class Perro(Animal):
    # Atributo de clase específico de Perro
    raza = "Desconocida"

    # Constructor específico de Perro
    def __init__(self, nombre, edad, raza):
        # Llamada al constructor de la clase base (Animal)
        super().__init__(nombre, edad)
        self.raza = raza

    # Implementación del método hacer_sonido para Perro
    def hacer_sonido(self):
        return "¡Guau!"


# Crear una instancia de la clase Perro
mi_perro = Perro()

#Asignamos valor al atributo
mi_perro.nombre="Daysi"
mi_perro.edad=3
mi_perro.raza="Shitzu"

# Acceder a atributos de instancia y de clase
print(f"Nombre del perro: {mi_perro.nombre}")
print(f"Edad del perro: {mi_perro.edad}")
print(f"Raza del perro: {mi_perro.raza}")
print(f"Especie del perro: {mi_perro.especie}")

# Llamar al método de instancia
print(f"Sonido que hace el perro: {mi_perro.hacer_sonido()}")
```

CREACIÓN DE OBJETO CON ARGUMENTOS

En Python, puedes crear objetos que acepten argumentos al momento de su inicialización. Esto es útil cuando deseas que tus objetos tengan ciertos valores predeterminados o necesitan datos específicos para funcionar correctamente. La sintaxis para definir objetos con argumentos en Python implica el uso del método especial **`__init__`**.

Aquí hay una explicación detallada de la sintaxis:

1. **Definición de la clase:** Primero, defines una clase usando la palabra clave **self**, seguida del nombre de la clase. Por ejemplo:

python
```
class MiClase:
```

2. **Método `_ _init_ _`:** El método `_ _init_ _` es un método especial en Python que se llama automáticamente cuando se crea un nuevo objeto de la clase. Este método se utiliza para inicializar los atributos del objeto con los valores pasados como argumentos. La sintaxis del método `_ _init_ _` es la siguiente:
   - Aquí, `self` es una referencia al propio objeto y **`arg1`, `arg2`**, etc., son los argumentos que quieres pasar al objeto para inicializarlo.

python
```
def _ _init_ _(self, arg1, arg2, ...):
```

3. **Inicialización de atributos:** Dentro del método `_ _init_ _`, puedes asignar los valores de los argumentos a los atributos del objeto utilizando la notación de punto (`**self**.atributo = valor`). Por ejemplo:

python
```
def _ _init_ _(self, arg1, arg2):
    self.atributo1 = arg1
    self.atributo2 = arg2
```

4. **Crear objetos con argumentos:** Para crear un objeto de la clase y pasarle argumentos, simplemente llamas al nombre de la clase seguido de los valores de los argumentos entre paréntesis. Por ejemplo:

python
```
objeto = MiClase(valor1, valor2)
```

Aquí tienes un ejemplo completo para clarificar la sintaxis:

- En este ejemplo, la clase **`Persona`** tiene dos atributos, **`nombre`** y **`edad`**, que se inicializan con los valores pasados como argumentos al crear un nuevo objeto `persona1`.

python
```
class Persona:
    def _ _init_ _(self, nombre, edad):
        self.nombre = nombre
        self.edad = edad

# Crear un objeto de la clase Persona con argumentos
persona1 = Persona("Juan", 30)
```

```
# Acceder a los atributos del objeto
print(persona1.nombre)  # Salida: Juan
print(persona1.edad)    # Salida: 30
```

EJEMPLO: OBJETO CON ARGUMENTOS

Python: Pulsa un clic sobre el enlace para visualizar el código:
https://drive.google.com/file/d/1OuznOeGJa0vaS3esvFyGymG2qO3urEBc/view?usp=sharing

```
class Producto:

    def _ _init_ _(self, nombre, precio):
        self.nombre = nombre
        self.precio = precio

    def _ _str_ _(self):
        return f"{self.nombre}: ${self.precio}"

# Crear un objeto Producto con argumentos
producto1 = Producto()
producto2 = Producto()

#Asignamos valores a los atributos
producto1.nombre = "Camisa"
producto1.precio = 23.99

producto2.nombre = "Pantalón"
producto2.precio = 53.99

# Imprimir los productos
print("Producto 1:", producto1)
print("Producto 2:", producto2)
```

- Este código en Python define una clase llamada `**Producto**`, que representa un producto con un nombre y un precio. La clase tiene dos métodos: `_ _**init**_ _` y `_ _**str**_ _`.

- El método `_ _**init**_ _` es el constructor de la clase. Toma dos argumentos: `nombre` y `precio`, que se utilizan para inicializar los atributos `nombre` y `precio` del objeto `Producto`.

- El método `_ _**str**_ _` devuelve una representación en cadena del objeto `Producto`, que consiste en el nombre del producto seguido de su precio formateado como una cadena.

- Después de definir la clase `Producto`, se crean dos objetos `Producto` llamados `producto1` y `producto2`, representando una camisa y unos pantalones, respectivamente. Estos objetos se crean utilizando el constructor de la clase `Producto` con los nombres y precios especificados.

- Finalmente, se imprime la representación en cadena de cada producto utilizando la función `print ( ) `. Esto invoca implícitamente el método `_ _**str**_ _` de cada objeto `Producto`, que devuelve su nombre y precio en un formato legible.

MODIFICAR ATRIBUTOS DE UN OBJETO

En Python, los objetos son entidades que pueden tener atributos, que son como variables asociadas a ese objeto, y métodos, que son funciones asociadas a ese objeto que pueden manipular sus atributos o realizar otras operaciones. Modificar atributos de un objeto implica cambiar el valor de esos atributos después de que el objeto ha sido creado.

La sintaxis básica para modificar atributos de un objeto en Python es bastante simple. Supongamos que tenemos una clase llamada `**Persona**` que tiene un atributo `nombre` que queremos modificar. Aquí hay un ejemplo de cómo podríamos hacerlo:

Python

```
class Persona:
    def _ _init_ _(self, nombre):
        self.nombre = nombre

# Creamos un objeto de la clase Persona
persona1 = Persona("Juan")

# Modificamos el atributo nombre
persona1.nombre = "Pedro"
```

En este ejemplo:

- Definimos una clase `Persona` que tiene un método `_ _**init**_ _` (el constructor) que inicializa el atributo `nombre` con un valor dado.
- Creamos un objeto `persona1` de la clase `Persona` con el nombre "Juan".
- Luego, modificamos el atributo `nombre` de `persona1` asignándole el valor "Pedro".

Podemos ver que para modificar un atributo de un objeto en Python, simplemente accedemos al atributo usando la notación de punto (`objeto.atributo`) y le asignamos un nuevo valor.

También podemos tener métodos dentro de la clase que nos permitan modificar los atributos. Por ejemplo:

python

```
class Persona:

    def _ _init_ _(self, nombre):
        self.nombre = nombre

    def cambiar_nombre(self, nuevo_nombre):
        self.nombre = nuevo_nombre

# Creamos un objeto de la clase Persona
persona1 = Persona("Juan")

# Llamamos al método para modificar el nombre
persona1.cambiar_nombre("Pedro")
```

En este ejemplo, hemos añadido un método llamado `cambiar_nombre ( ) ` que toma un nuevo nombre como argumento y asigna ese nuevo nombre al atributo `nombre`.

Es importante tener en cuenta que los atributos de un objeto en Python son accesibles desde fuera de la clase, a menos que estén definidos como atributos privados. En ese caso, la convención es preceder el nombre del atributo con un guión bajo (`_`) para indicar que no debería ser accedido desde fuera de la clase, aunque técnicamente aún se puede acceder. Sin embargo, para restringir el acceso real, se utilizan métodos especiales como `**get**ter` y `**set**ter`, o la decoración de propiedades.

EJEMPLO: MODIFICAR ATRIBUTOS DE OBJETO

Python: Pulsa un clic sobre el enlace para visualizar el código:
https://drive.google.com/file/d/1t0vbfji3SZMDWLXVbvOm3J7MA_fmMKe/view?usp=sharing

```
class Persona:

    def _ _init_ _(self, nombre, edad, profesion):
        self.nombre = nombre
        self.edad = edad
        self.profesion = profesion

    def mostrar_informacion(self):
        print(f"Nombre: {self.nombre}")
        print(f"Edad: {self.edad}")
        print(f"Profesión: {self.profesion}")

    def cambiar_profesion(self, nueva_profesion):
        self.profesion = nueva_profesion

    def cumplir_anios(self):
```

```
        self.edad += 1

# Creamos un objeto de la clase Persona
persona1 = Persona()

#Asignar valor a los atributos
persona1.nombre = input("Ingresa tu nombre: ")
persona1.edad =int( input("Ingresa tu edad: "))
persona1.profesion = input("Ingresa tu profesión: ")

# Mostramos la información original
print("Información original:")
persona1.mostrar_informacion()

# Cambiamos la profesión
nueva_profesion = input("Ingresa tu nueva profesión: ")
persona1.cambiar_profesion(nueva_profesion)

# Cumplimos años
persona1.cumplir_anios()

# Mostramos la información actualizada
print("\nInformación actualizada:")
persona1.mostrar_informacion()
```

Este código en Python define una clase llamada `Persona`, que sirve como un modelo para representar individuos con atributos como nombre, edad y profesión. Aquí está la explicación técnica del código:

1. **Definición de la clase `Persona`:**
   - La clase `Persona` tiene cuatro métodos: `_ _**init**_ _()`, `mostrar_informacion()`, `cambiar_profesion()` y `cumplir_anios()`.

2. **Método `_ _init_ _()` (Constructor):**
   - Este método se llama automáticamente cuando se crea un nuevo objeto de la clase `Persona`.
   - Toma cuatro parámetros: `nombre`, `edad` y `profesion`, que se utilizan para inicializar los atributos de instancia `nombre`, `edad` y `profesion` respectivamente.
   - Estos atributos de instancia se asignan a través de la palabra clave `**self**` para hacerlos accesibles a todos los métodos de la clase.

3. **Método `mostrar_informacion()`:**
   - Este método imprime en la consola la información actual de la persona, incluyendo su nombre, edad y profesión.

4. **Método `cambiar_profesion()`:**
   - Este método permite cambiar la profesión de la persona. Toma un parámetro `nueva_profesion` y actualiza el atributo `profesion` de la instancia con el valor proporcionado.

5. **Método `cumplir_anios()`:**
   - Este método incrementa la edad de la persona en un año. Simplemente suma 1 al atributo `edad`.

6. **Instanciación de la clase y uso de sus métodos:**
   - Se crea un objeto llamado `persona1` de la clase `Persona`, con el nombre "Juan", edad 30 y profesión "Ingeniero".
   - Se llama al método `mostrar_informacion ( ) ` para imprimir la información original de `persona1`.
   - Se llama al método `cambiar_profesion ( ) ` para cambiar la profesión de `persona1` a "Desarrollador de software".
   - Se llama al método `cumplir_anios ( ) ` para incrementar en uno la edad de `persona1`.
   - Finalmente, se llama nuevamente al método `mostrar_informacion ( ) ` para mostrar la información actualizada de `persona1`.

CARACTERISTICAS DEL PARAMETRO (SELF)

En Python, cuando trabajas con clases, el parámetro `**self**` es utilizado para referirse a la instancia actual de la clase. Es una convención de nomenclatura comúnmente utilizada en Python, aunque el nombre exacto (`**self**`) es arbitrario y podría ser cualquier otra palabra, pero se recomienda seguir esta convención para mantener el código legible y comprensible para otros programadores.

Para entender mejor cómo funciona `**self**`, consideremos el siguiente ejemplo de una clase simple en Python:

python

```python
class MiClase:
    def _ _init_ _(self, x):
        self.x = x

    def imprimir_x(self):
        print(self.x)

objeto = MiClase(5)
objeto.imprimir_x()
```

Aquí hay una explicación detallada de cómo funciona `**self**` en este ejemplo:

1. **Definición de la clase:**
    - Aquí estamos definiendo una nueva clase llamada `**MiClase**`.

    python
    ```
    class MiClase:
    ```

2. **Constructor (`_ _init_ _`):**
    - `_ _**init**_ _` es un método especial que se llama automáticamente cuando se crea una nueva instancia de la clase. El parámetro `**self**` es requerido en todos los métodos de la clase (incluido `_ _**init**_ _`) y se refiere a la instancia actual de la clase. Además de `**self**`, el constructor toma un argumento `x` que se utiliza para inicializar un atributo de instancia `x`.

    python
    ```
    def _ _init_ _(self, x):
    ```

3. **Inicialización de atributos:**
    - Aquí estamos inicializando un atributo de instancia llamado `x` con el valor pasado como argumento al constructor. Usamos `**self**.x` para acceder al atributo `x` de la instancia actual.

    python
    ```
    self.x = x
    ```

4. **Método `imprimir_x`:**
    - Aquí estamos definiendo un método llamado `imprimir_x`, que toma `**self**` como parámetro. Este método imprimirá el valor del atributo `x` de la instancia actual.

    python
    ```
    def imprimir_x(self):
    ```

5. **Acceso a atributos de instancia:**

    python
    ```
    print(self.x)
    ```

6. **Creación de instancia y llamada a métodos:**
    - Aquí estamos creando una nueva instancia de `MiClase` con el valor `5` pasado al constructor. Luego, llamamos al método `imprimir_x` en esta instancia, que imprime el valor del atributo `x` de la instancia (`5` en este caso).

    python
    ```
    objeto = MiClase(5)
    objeto.imprimir_x()
    ```

El parámetro `**self**` en Python es utilizado para referirse a la instancia actual de una clase. Se utiliza para acceder a los atributos y métodos de esa instancia dentro de los métodos de la clase. Es importante incluir `**self**` como el primer parámetro en la definición de todos los métodos de la clase, incluido el constructor `_ _**init**_ _`, para que Python pueda asociar correctamente los métodos con las instancias de la clase.

EJEMPLO: CARACTERISTICAS DEL PARAMETRO SELF

Python: Pulsa un clic sobre el enlace para visualizar el código:
https://drive.google.com/file/d/1ij9jNeuqqCvrWIJA8-kneK-OdRHjESFT/view?usp=sharing

```
class Animal:
    def _ _init_ _(self, nombre):
        self.nombre = nombre

    def comer(self):
        print(f"{self.nombre} está comiendo.")


class Mascota:
    def _ _init_ _(self, nombre, dueno):
        self.nombre = nombre
        self.dueno = dueno

    def saludar(self):
        print(f"{self.nombre} saluda a {self.dueno}.")


class Perro(Animal, Mascota):
    def _ _init_ _(self, nombre, dueno, raza):

        # Llamada explícita al constructor de la clase Animal
        Animal._ _init_ _(self, nombre)

        # Llamada explícita al constructor de la clase Mascota
        Mascota._ _init_ _(self, nombre, dueno)
        self.raza = raza

    def describir(self):
        print(f"{self.nombre} es un perro de raza {self.raza}.")

    def saludar(self):  # Override del método saludar de la clase Mascota
        print(f"{self.nombre} mueve la cola para saludar a {self.dueno}.")



# Instanciar
mi_perro = Perro(" ")
```

```
#Asignamos valores a los atributos
mi_perro.nombre =input("Ingresa el nombre de la mascota: ")
mi_perro.dueno = input("Ingresa el nombre del dueño de la mascota: ")
mi_perro.raza = input("Ingresa la raza de la mascota: ")

#Invocamos los métodos
mi_perro.describir()
mi_perro.comer()
mi_perro.saludar()
```

El código define tres clases en **Python: Pulsa un clic sobre el enlace para visualizar el código:** \`Animal\`, \`Mascota\`, y \`Perro\`. Aquí está una explicación técnica del código:

1. **Clase \`Animal\`:** Esta clase tiene un método constructor \`__**init**__\` que inicializa un objeto \`Animal\` con un atributo \`nombre\`. También tiene un método \`comer\` que imprime un mensaje indicando que el animal está comiendo.

2. **Clase \`Mascota\`:** Esta clase también tiene un método constructor \`__**init**__\` que inicializa un objeto \`Mascota\` con atributos \`nombre\` y \`dueno\`. Además, tiene un método \`saludar\` que imprime un mensaje indicando que la mascota saluda a su dueño.

3. **Clase \`Perro\`:** Esta clase hereda de las clases \`Animal\` y \`Mascota\`. Tiene un método constructor \`__**init**__\` que inicializa un objeto \`Perro\` con atributos \`nombre\`, \`dueno\` y \`raza\`. Se llama explícitamente a los constructores de las clases padre \`Animal\` y \`Mascota\` para inicializar los atributos heredados. También tiene un método \`describir\` que imprime un mensaje describiendo al perro y un método \`saludar\` que override el método \`saludar\` de la clase \`Mascota\`, cambiando el mensaje de saludo.

En el código, se crea una instancia de la clase \`Perro\` llamada \`mi_perro\` con los valores \`"Max"\`, \`"Juan"\`, y \`"Labrador"\` para los atributos \`nombre\`, \`dueno\`, y \`raza\` respectivamente. Luego se llaman a los métodos \`describir\`, \`comer\` y \`saludar\` de la instancia \`mi_perro\`, lo que imprime mensajes que describen al perro, indican que está comiendo y muestran cómo saluda el perro a su dueño respectivamente.

ENCAPSULAMIENTO

El encapsulamiento es un concepto fundamental en la programación orientada a objetos que se refiere a la ocultación de los detalles internos de un objeto y la protección de sus atributos y métodos para evitar su acceso directo desde fuera de la clase. En Python, el encapsulamiento se implementa principalmente mediante el uso de convenciones de nomenclatura y modificadores de acceso.

Aquí hay una explicación detallada de cómo se logra el encapsulamiento en Python:

1. **Convenciones de nomenclatura:** En Python, no hay modificadores de acceso como **"public"**, **"private"** o **"protected"** como en otros lenguajes de programación. En su lugar, se utiliza una convención de nomenclatura para indicar la accesibilidad de un atributo o método.
   - **Público:** Los atributos y métodos que están destinados a ser accesibles desde fuera de la clase se nombran con convención **snake_case** (en minúsculas y separadas por guiones bajos).
   - **Privado:** Los atributos y métodos que se consideran privados y no deben ser accedidos desde fuera de la clase, se nombran con un **guion bajo** como prefijo **(_nombre_atributo o _nombre_metodo).**
   - **Protegido (convención):** Aunque no hay una protección real para los atributos y métodos en Python, se utiliza la convención de nomenclatura de prefijo de **doble guion bajo (__nombre_atributo o __nombre_metodo)** para indicar que un atributo o método debe tratarse como **"protegido"** y no debe ser modificado desde fuera de la clase directamente. Sin embargo, esta convención se aplica solo en el nivel de la clase, ya que Python no impide el acceso directo a estos miembros.

2. **Acceso a atributos y métodos:**
   - Para acceder a los atributos y métodos públicos desde fuera de la clase, simplemente se utiliza la notación de punto, por ejemplo: **`objeto.atributo`** o **`objeto.metodo ( ) `**.
   - Los atributos y métodos privados y protegidos aún pueden ser accedidos desde fuera de la clase, pero no se recomienda. Se puede acceder a ellos directamente, sin embargo, se considera una mala práctica y puede conducir a errores inesperados.

3. **Getters y setters:** Para controlar el acceso a los atributos privados y protegidos y mantener el encapsulamiento, se pueden definir métodos llamados **getters** y **setters**. Los **getters** son métodos que devuelven el valor de un atributo privado, mientras que los **set**ters son métodos que permiten modificar el valor de un atributo privado, generalmente con alguna validación.

Python
```
class Ejemplo:
    def _ _init_ _(self):
        self._ _atributo_privado = 0  # atributo privado con doble guion bajo

    def get_atributo(self):
        return self._ _atributo_privado

    def set_atributo(self, valor):
        if valor >= 0:
            self._ _atributo_privado = valor
        else:
            print("El valor debe ser mayor o igual a cero.")
```

En este ejemplo, **`_ _atributo_privado`** es un atributo privado, y los métodos **`get_atributo`** y **`set_atributo`** se utilizan para acceder y modificar este atributo, respectivamente. Esto proporciona un control sobre cómo se accede y modifica el atributo, permitiendo la validación u operaciones adicionales si es necesario.

El encapsulamiento en Python se logra mediante convenciones de nomenclatura, el uso de atributos y métodos privados y protegidos, y la implementación de **getters** y **setters** cuando sea necesario para controlar el acceso y la modificación de los atributos de un objeto. Aunque Python no impone restricciones estrictas sobre el acceso a los miembros de una clase, seguir estas convenciones ayuda a escribir un código más limpio y mantenible.

EJEMPLO: ENCAPSULAMIENTO

Python: Pulsa un clic sobre el enlace para visualizar el código:
https://drive.google.com/file/d/1HP6bjjPj5GNUZzSc2MX86NA6mFxkgDAy/view?usp=sharing

```
class Employee:
    def _ _init_ _(self, name, salary):
        self._ _name = name
        self._ _salary = salary

    def get_name(self):
        return self._ _name

    def get_salary(self):
        return self._ _salary

    def set_salary(self, new_salary):
        if new_salary > 0:
            self._ _salary = new_salary
        else:
            print("Error: El salario debe ser mayor que cero.")

    def _ _str_ _(self):
        return f"Empleado: {self._ _name}, Salario: {self._ _salary}"

class Department:
    def _ _init_ _(self, name):
        self._ _name = name
        self._ _employees = []

    def get_name(self):
        return self._ _name

    def add_employee(self, employee):
        if isinstance(employee, Employee):
            self._ _employees.append(employee)
        else:
            print("Error: No se puede agregar un objeto que no sea Employee.")

    def list_employees(self):
        print(f"Empleados en el departamento {self._ _name}:")
```

```
        for employee in self.__employees:
            print(employee)

    def __str__(self):
        return f"Departamento: {self.__name}"


class Company:
    def __init__(self, name):
        self.__name = name
        self.__departments = {}

    def get_name(self):
        return self.__name

    def add_department(self, department):
        if isinstance(department, Department):
            self.__departments[department.get_name()] = department
        else:
            print("Error: No se puede agregar un objeto que no sea Department.")

    def list_departments(self):
        print(f"Departamentos en {self.__name}:")
        for department_name, department in self.__departments.items():
            print(department)

    def list_employees(self):
        print(f"Lista de empleados en {self.__name}:")
        for department in self.__departments.values():
            department.list_employees()

    def __str__(self):
        return f"Empresa: {self.__name}"



# Ejemplo de uso
if __name__ == "__main__":
    emp1 = Employee("Juan", 50000)
    emp2 = Employee("María", 60000)

    department1 = Department("Ventas")
    department2 = Department("Desarrollo")

    department1.add_employee(emp1)
    department2.add_employee(emp2)

    company = Company("Ejemplo Inc.")
    company.add_department(department1)
    company.add_department(department2)

    company.list_departments()
    company.list_employees()
```

```
# Intento de acceder directamente a los atributos encapsulados
# Esto debería causar un error
print(emp1._ _name)
```

Este código implementa un modelo simple de gestión de empleados, departamentos y empresas en Python, utilizando encapsulamiento para proteger los atributos de las clases.

1. **Clase Employee:**
    - Esta clase representa a un empleado y tiene atributos privados `_ _name` y `_ _salary` que almacenan el nombre y el salario del empleado respectivamente.
        - Se proporcionan métodos públicos para acceder y modificar estos atributos (`get_name( )`, `get_salary( )`, `set_salary( )`).
    - El método `_ _str_ _( )` proporciona una representación de cadena para imprimir los detalles del empleado.

2. **Clase Department:**
    - Esta clase representa un departamento dentro de una empresa y tiene atributos privados `_ _name` y `_ _employees` que almacenan el nombre del departamento y una lista de empleados respectivamente.
    - Métodos públicos incluyen **`get_name( )`** para obtener el nombre del departamento, **`add_employee( )`** para agregar empleados al departamento, **`list_employees( )`** para listar los empleados en el departamento y **`_ _str_ _( )`** para obtener una representación de cadena del departamento.

3. **Clase Company:**
    - Esta clase representa una empresa y tiene atributos privados **`_ _name`** y **`_ _departments`** que almacenan el nombre de la empresa y un diccionario de departamentos respectivamente.
    - Métodos públicos incluyen **`get_name( )`** para obtener el nombre de la empresa, **`add_department( )`** para agregar departamentos a la empresa, **`list_departments( )`** para listar los departamentos en la empresa, **`list_employees( )`** para listar los empleados en todos los departamentos de la empresa y **`_ _str_ _( )`** para obtener una representación de cadena de la empresa.

4. Uso:

- En el ejemplo de uso, se crean instancias de empleados, departamentos y una empresa.
- Se agregan empleados a los departamentos, y los departamentos a la empresa.
- Se imprime la lista de departamentos y la lista de empleados en la empresa.
- Se intenta acceder directamente a los atributos encapsulados de un empleado, lo que debería generar un error debido al encapsulamiento.

Este código muestra un diseño orientado a objetos para gestionar empleados, departamentos y empresas, utilizando encapsulamiento para proteger los datos y proporcionar métodos para interactuar con ellos de manera controlada.

METODOS GET Y SET [decoradores]

En Python, los decoradores son una herramienta poderosa que permite modificar el comportamiento de una función o método de manera declarativa. Los métodos **`get`** y **`set`** son métodos especiales utilizados comúnmente en programación orientada a objetos para acceder y modificar atributos de una clase de manera controlada. Aquí te proporcionaré una explicación detallada sobre cómo implementar decoradores para los métodos **`get`** y **`set`** en Python:

Método `get`:

- El método **`get`** es utilizado para acceder a un atributo de una clase. Normalmente se usa para retornar el valor del atributo. Para implementar un decorador para el método **`get`**, podemos seguir estos pasos:

  1. **Definir el decorador:**
     - Podemos crear una función que actúe como decorador para el método **`get`**. Esta función tomará como argumento el nombre del método **`get`** que queremos decorar y retornará una nueva función que modifica el comportamiento del método original.

  2. **Modificar el comportamiento del método `get`:**
     - Dentro de la función decoradora, podemos definir una nueva función que intercepte la llamada al método **`get`** original y realice alguna acción adicional, como imprimir un mensaje o realizar alguna operación antes de retornar el valor del atributo.

  3. **Aplicar el decorador al método `get`:**
  - Finalmente, aplicamos el decorador al método **`get`** de la clase utilizando la sintaxis `@decorador` justo encima de la definición del método **`get`**.

Método `set`:

- El método **`set`** es utilizado para modificar el valor de un atributo de una clase. Similar al método **`get`**, podemos implementar un decorador para el método **`set`** siguiendo los mismos pasos:

  1. **Definir el decorador:**
     - Creamos una función decoradora que toma como argumento el nombre del método **`set`** que queremos decorar y retorna una nueva función que modifica el comportamiento del método original.

  2. **Modificar el comportamiento del método `set`:**
     - Dentro de la función decoradora, definimos una nueva función que intercepte la llamada al método **`set`** original y realice alguna acción adicional, como validar el valor que se quiere asignar al atributo antes de modificarlo.

3. **Aplicar el decorador al método `set`:**
   - Aplicamos el decorador al método `**set**` de la clase utilizando la sintaxis `@decorador` encima de la definición del método `**set**`.

Ejemplo de implementación:

- Aquí tienes un ejemplo de cómo se vería la implementación de decoradores para los métodos `**get**` y `**set**` en Python:

Python
```
def decorador_get(metodo_get):
    def decorado(self):
        print("Accediendo al valor del atributo")

        return metodo_get(self)
    return decorado

def decorador_set(metodo_set):
    def decorado(self, valor):
        print("Asignando valor al atributo")

        # Aquí podrías agregar lógica de validación del valor
        metodo_set(self, valor)
    return decorado

class MiClase:
    def _ _init_ _(self, atributo):
        self._atributo = atributo

    @decorador_get
    def obtener_atributo(self):
        return self._atributo

    @decorador_set
    def asignar_atributo(self, valor):
        self._atributo = valor

# Uso de la clase
objeto = MiClase(10)
print(objeto.obtener_atributo())  # Salida: Accediendo al valor del atributo \n 10
objeto.asignar_atributo(20)       # Salida: Asignando valor al atributo
print(objeto.obtener_atributo())  # Salida: Accediendo al valor del atributo \n 20
```

Este código en Python implementa un ejemplo de decoradores para los métodos **`obtener_atributo`** y **`asignar_atributo`** de la clase **`MiClase`**. Los decoradores **`decorador_get`** y **`decorador_set`** agregan funcionalidad adicional a estos métodos sin modificar su implementación original.

Aquí está la explicación técnica del código:

1. **`decorador_get` y `decorador_set`:** Son funciones que toman como argumento otra función (`metodo_**get**` y `metodo_**set**` respectivamente) y devuelven una función decorada

(`decorado`). Estas funciones decoradas son las que finalmente reemplazan a los métodos originales **`obtener_atributo`** y **`asignar_atributo`** de la clase **`MiClase`**.

2. **`decorado` en `decorador_get`:** Esta función interior se ejecutará en lugar del método **`obtener_atributo`**. Antes de devolver el valor del atributo, imprime un mensaje indicando que se está accediendo al valor del atributo.

3. **`decorado` en `decorador_set`:** Esta función interior se ejecutará en lugar del método **`asignar_atributo`**. Antes de asignar el valor al atributo, imprime un mensaje indicando que se está asignando un valor al atributo. Además, aquí podrías incluir lógica de validación del valor antes de asignarlo.

4. **`MiClase`:** Es la definición de una clase que tiene un atributo **`_atributo`** inicializado en su constructor **`__init__`**.

5. **`@decorador_get` y `@decorador_set`:** Son los decoradores que aplican funcionalidades adicionales a los métodos **`obtener_atributo`** y **`asignar_atributo`** respectivamente. Al utilizar la sintaxis **`@decorador`**, Python automáticamente llama al decorador con la función siguiente y asigna la función decorada al nombre original de la función.

6. **Uso de la clase:** Se instancia un objeto de **`MiClase`** con un valor inicial de **`10`**. Luego se llama al método **`obtener_atributo`**, lo que imprime un mensaje indicando que se está accediendo al valor del atributo y devuelve **`10`**. Después se llama al método **`asignar_atributo`** con un nuevo valor de **`20`**, lo que imprime un mensaje indicando que se está asignando un valor al atributo. Finalmente, se llama nuevamente al método **`obtener_atributo`**, lo que imprime un mensaje similar al anterior, pero esta vez devuelve **`20`**, el nuevo valor asignado al atributo.

EJEMPLO: UTILIZACIÓN DE LOS DECORADORES GET Y SET

Python: Pulsa un clic sobre el enlace para visualizar el código:
https://drive.google.com/file/d/1YgKzjQRArwCUAcHFOUXebtjzl3hx[illegible]/view?usp=sharing

```
class Persona:
    def __init__(self, nombre, edad):
        self._nombre = nombre
        self._edad = edad

    @property
    def nombre(self):
        print("Obteniendo el nombre")
        return self._nombre

    @nombre.setter
    def nombre(self, nuevo_nombre):
        if not isinstance(nuevo_nombre, str):
            raise ValueError("El nombre debe ser una cadena de texto")
        print("Asignando un nuevo nombre")
        self._nombre = nuevo_nombre
```

```
    @property
    def edad(self):
        print("Obteniendo la edad")
        return self._edad

    @edad.setter
    def edad(self, nueva_edad):
        if not isinstance(nueva_edad, int):
            raise ValueError("La edad debe ser un número entero")
        if nueva_edad < 0 or nueva_edad > 150:
            raise ValueError("La edad debe estar entre 0 y 150")
        print("Asignando una nueva edad")
        self._edad = nueva_edad

# Crear una instancia de Persona
persona = Persona("Juan",30)

#Enviando a impresion los valores iniciales
print("VALORES INICIALES")
print(persona.nombre)
print(persona.edad)

#Solicitando nuevos valores
print("\nASIGNAR NUEVOS VALORES")
persona.nombre = input("Ingresa el nuevo nombre: ")
persona.edad = int(input("Ingresa la nueva edad: "))

#Enviando a impresion los valores actualizados
print("\nDATOS ACTUALIZADOS")
print(persona.nombre)
print(persona.edad)
```

ATRIBUTOS DE SOLO LECTURA

En Python, los atributos de solo lectura son aquellos que una vez asignados no pueden ser modificados posteriormente. Esto se logra mediante el uso de las propiedades (`**property**`) y decoradores específicos como `**@property**` y `**@atributo.setter**`. Veamos cómo se implementa esto en Python:

Supongamos que queremos crear una clase llamada `**Persona**` con un atributo de solo lectura llamado `**edad**`. Aquí está la implementación:

Python

```
class Persona:
    def _ _init_ _(self, nombre, edad):
        self._nombre = nombre
        self._edad = edad

    @property
    def edad(self):
```

```
        return self._edad

    @edad.setter
    def edad(self, valor):
        raise AttributeError("La edad es un atributo de solo lectura")
```

En esta implementación, **`edad`** es un atributo de solo lectura. Aquí hay una explicación detallada de la sintaxis utilizada:

1. Definimos una clase llamada **`Persona`.**
2. **En el método `_ _init_ _`, inicializamos dos atributos de instancia: `_nombre`** y **`_edad`**. **Nota:** los nombres que comienzan con `_` son convenciones en Python para indicar que esos atributos son **"privados"** y deberían tratarse como tales, aunque no exista un verdadero encapsulamiento.
3. Creamos un método llamado **`edad`** decorado con **`@property`**. Este método actúa como un **getter** para el atributo **`_edad`**. Cuando llamamos a **`persona.edad`**, este método se ejecuta y devuelve el valor de **`_edad`**. De esta manera, podemos acceder a **`_edad`** como si fuera un atributo, pero en realidad, estamos ejecutando un método.
4. A continuación, definimos otro método llamado **`edad`** pero esta vez decorado con **`@edad.setter`**. Este método actúa como un **setter** para el atributo **`_edad`**. Sin embargo, en lugar de permitir la asignación directa, lanzamos una excepción **`AttributeError`**. Esto significa que cuando intentemos asignar un nuevo valor a **`persona.edad`**, se generará un error, ya que estamos tratando de modificar un atributo de solo lectura.

Con esta implementación, podemos crear objetos de la clase **`Persona`** y acceder a su atributo **`edad`**, pero no podemos modificarlo directamente. Por ejemplo:

Python

```
juan = Persona("Juan", 30)
print(juan.edad)  # Salida: 30

juan.edad = 35  # Generará un AttributeError
```

En Python podemos definir atributos de solo lectura utilizando el decorador **`@property`** para proporcionar un método **getter** y un método **setter** que no permite la modificación del atributo. Esto nos permite controlar el acceso y la modificación de los atributos de nuestros objetos de manera más precisa.

EJEMPLO: ATRIBUTO DE SOLO LECTURA

Python: Pulsa un clic sobre el enlace para visualizar el código:
https://drive.google.com/file/d/1WkfNDLaZAFTForK-PD50qO9dKFWr_JKS/view?usp=sharing

```
class CuentaBancaria:
    def _ _init_ _(self, saldo):
        self._saldo = saldo
```

```
    @property
    def saldo(self):
        return self._saldo

    #este metodo es necesario, para poder editar atributos
    @saldo.setter
    def saldo(self, nuevo_saldo):
        self._saldo = nuevo_saldo
    #-------------------------------------------------


    def depositar(self, cantidad):
        if cantidad > 0:
            self._saldo += cantidad
            print(f"Depósito de {cantidad} realizado. Nuevo saldo: {self._saldo}")
        else:
            print("La cantidad a depositar debe ser mayor que cero.")

    def retirar(self, cantidad):
        if 0 < cantidad <= self._saldo:
            self._saldo -= cantidad
            print(f"Retiro de {cantidad} realizado. Nuevo saldo: {self._saldo}")
        else:
            print("Fondos insuficientes o cantidad inválida.")

# Ejemplo de uso, en donde provocara error

cuenta = CuentaBancaria()

# Intento de modificar el saldo directamente (esto debería fallar)
cuenta.saldo = 1500  # Esto no debería ser posible
print("Saldo inicial:", cuenta.saldo)  # Esto no debería ser posible


#Primero deberás definir el método @setter
Para poder realizar operaciones validas,

cuenta.saldo = float(input("Realizar primer depósito bancario: "))

#Mostrar Información al usuario
print(f"\nSaldo Inicial: {cuenta.saldo} ")

#Transacciones bancarias
deposito = float(input("Ingresa la cantidad que deseas depositar: "))
cuenta.depositar(deposito)

retiro = float(input("Ingresa la cantidad que deseas retirar: "))
cuenta.retirar(retiro)
```

El código proporcionado define una clase llamada `CuentaBancaria`, que modela una cuenta bancaria simple con funcionalidades para depositar y retirar dinero, así como para verificar el saldo actual. Aquí está una explicación técnica de cómo funciona el código:

1. **Clase `CuentaBancaria`:**
   - La clase `CuentaBancaria` encapsula el comportamiento y los datos de una cuenta bancaria.
   - Tiene un constructor `_ _init_ _` que inicializa la cuenta con un saldo inicial proporcionado como argumento.
   - Utiliza un atributo privado `_saldo` para mantener el saldo actual de la cuenta.

2. **Getter `saldo`:**
   - Se define un método `saldo` decorado con `@property`, que proporciona acceso solo de lectura al saldo actual.
   - Cuando se llama a `cuenta.saldo`, este método devuelve el valor del saldo `_saldo`.

3. **Métodos `depositar` y `retirar`:**
   - `depositar`: Permite depositar una cantidad especificada en la cuenta.
   - `retirar`: Permite retirar una cantidad especificada de la cuenta, siempre que haya suficientes fondos disponibles.
   - Ambos métodos actualizan el saldo `_saldo` según la operación realizada y muestran un mensaje indicando la transacción realizada y el saldo resultante.

4. **Ejemplo de uso:**
   - Se crea una instancia de `CuentaBancaria` con un saldo inicial de 1000 unidades monetarias.
   - Se imprime el saldo inicial utilizando el **get**ter `saldo`.
   - Se intenta modificar el saldo directamente (`cuenta.saldo = 1500`), lo cual no es posible debido a que el **getter** `saldo` solo proporciona acceso de lectura.
   - Se realizan transacciones válidas llamando a los métodos `depositar` y `retirar`, depositando 500 unidades y retirando 200 unidades.

Este código implementa una clase `CuentaBancaria` que encapsula la lógica básica de una cuenta bancaria y proporciona métodos para realizar operaciones de depósito y retiro, manteniendo el saldo actualizado y protegiendo el acceso directo a la variable `_saldo` mediante el uso de un **get**ter.

USO DE CLASES Y MÓDULOS

Clases en Python:

- Las clases en Python son una forma de organizar y estructurar código alrededor de objetos. Un objeto es una instancia de una clase y puede contener datos (llamados atributos) y funciones (llamadas métodos) que operan en esos datos. La sintaxis básica para definir una clase en Python es la siguiente:

Python
```
class NombreClase:
    def _ _init_ _(self, parametros):
        # Constructor de la clase
        self.atributo = valor
```

```
def metodo(self, parametros):
    # Método de la clase
    # Acceder a los atributos con self.atributo
    return algo
```

- **self:** Define una nueva clase.
- **`_ _init_ _`:** Este es el método constructor especial que se llama automáticamente cuando se crea una nueva instancia de la clase. `**self**` es una referencia al objeto actual.
- **`atributo`:** Variables asociadas a la clase y accesibles a través de cada instancia mediante `**self**.atributo`.
- **`metodo`:** Funciones asociadas a la clase y pueden acceder y manipular los atributos de la instancia.

Módulos en Python:

- Los módulos en Python son archivos que contienen funciones, variables y clases relacionadas entre sí. Puedes importar estos módulos en otros scripts para reutilizar código. La sintaxis para importar módulos en Python es la siguiente:

Python
```
import modulo

# Uso de elementos del módulo
modulo.funcion()
```

- También puedes importar solo funciones o clases específicas de un módulo:

Python
```
from modulo import funcion

# Uso de la función importada
funcion()
```

Ejemplo combinado de clase y módulo:

- Supongamos que tenemos un archivo llamado `operaciones.**py**` que contiene una clase llamada `Operaciones` con algunos métodos:

Python
```
# operaciones.py

class Operaciones:
    def suma(self, a, b):
        return a + b

    def resta(self, a, b):
```

```
        return a - b
```

Y ahora queremos utilizar esta clase en otro script llamado `main.py`:

Python

```
# main.py

from operaciones import Operaciones

# Crear una instancia de la clase Operaciones
op = Operaciones()

# Llamar a los métodos de la clase
resultado_suma = op.suma(5, 3)
resultado_resta = op.resta(5, 3)

print("Suma:", resultado_suma)
print("Resta:", resultado_resta)
```

En este ejemplo, estamos importando la clase `Operaciones` del módulo `operaciones` en el archivo `main.py` y luego utilizándola para realizar operaciones de suma y resta.

EJEMPLO: CLASES Y MÓDULOS

Python: Pulsa un clic sobre el enlace para visualizar el código:
https://drive.google.com/drive/folders/19FMMW5t5iPu4e_Rqctjp7iaOMLf3qvU2?usp=sharing

```
# Archivo: biblioteca.py

class Libro:
    def __init__(self, id_libro, titulo, autor, cantidad_disponible):
        self.id_libro = id_libro
        self.titulo = titulo
        self.autor = autor
        self.cantidad_disponible = cantidad_disponible

    def prestar(self):
        if self.cantidad_disponible > 0:
            self.cantidad_disponible -= 1
            print(f"Libro {self.titulo} prestado con éxito.")
        else:
            print(f"No hay ejemplares disponibles del libro {self.titulo}.")

    def devolver(self):
        self.cantidad_disponible += 1
        print(f"Libro {self.titulo} devuelto con éxito.")


class Usuario:
    def __init__(self, id_usuario, nombre):
        self.id_usuario = id_usuario
        self.nombre = nombre
```

```
# Archivo: transacciones.py

def realizar_transaccion(usuario, libro, accion):
    if accion == "prestar":
        libro.prestar()
    elif accion == "devolver":
        libro.devolver()
    else:
        print("Acción no válida. Use 'prestar' o 'devolver'.")


# Archivo principal: main.py

from biblioteca import Libro, Usuario
from transacciones import realizar_transaccion

# Crear libros
libro1 = Libro(1, "El señor de los anillos", "J.R.R. Tolkien", 5)
libro2 = Libro(2, "1984", "George Orwell", 3)

# Crear usuarios
usuario1 = Usuario(101, "Juan")
usuario2 = Usuario(102, "María")

# Realizar transacciones
realizar_transaccion(usuario1, libro1, "prestar")
realizar_transaccion(usuario2, libro1, "prestar")
realizar_transaccion(usuario2, libro2, "prestar")
realizar_transaccion(usuario1, libro1, "devolver")
realizar_transaccion(usuario2, libro2, "devolver")
realizar_transaccion(usuario1, libro2, "prestar")
```

DESTRUCTOR

En Python, un destructor es un método especial dentro de una clase que se llama automáticamente cuando un objeto de esa clase es eliminado o destruido. El destructor se usa principalmente para liberar recursos que el objeto pueda haber adquirido durante su ciclo de vida, como cerrar archivos abiertos, liberar memoria asignada dinámicamente, cerrar conexiones de red, entre otros.

La sintaxis para definir un destructor en Python es simple. Se utiliza el método especial `_ _del_ _()`. Aquí tienes un ejemplo básico de cómo se implementa:

Python

```
class MiClase:
    def _ _init_ _(self):
        print("Se ha creado un objeto de MiClase")

    def _ _del_ _(self):
```

```
    print("Se está destruyendo un objeto de MiClase")

# Crear un objeto de la clase
objeto = MiClase()

# Eliminar el objeto, lo que activará el destructor del objeto
```

En este ejemplo, cuando se crea un objeto de la clase `MiClase`, se llama al método `__init__()` que imprime "Se ha creado un objeto de MiClase". Luego, cuando se elimina el objeto utilizando la palabra clave `del`, se activa el destructor `__del__()`, que imprime "Se está destruyendo un objeto de MiClase".

Es importante tener en cuenta que el momento exacto en que se llama al destructor no está garantizado. Python utiliza un recolector de basura para administrar la memoria y eliminar objetos que ya no son necesarios. El destructor puede ser llamado en cualquier momento después de que el objeto ya no tenga ninguna referencia apuntando a él, lo que lo hace inaccesible. Esto puede variar dependiendo de la implementación específica de Python que estés utilizando.

Es crucial usar destructores con cuidado, ya que su mal uso puede conducir a problemas de gestión de recursos, como fugas de memoria o comportamiento inesperado en tu programa. En general, en Python, es más común usar administradores de contexto (`with`) para manejar la liberación de recursos de manera más controlada y predecible.

EJEMPLO: MÉTODO DESTRUCTOR

Python: Pulsa un clic sobre el enlace para visualizar el código:
https://drive.google.com/file/d/1bOmbGwMf1H3FawYYnwx2lN7ThD0PEYD/view?usp=sharing

```
import os

class ProcesoComplejo:
    def __init__(self, nombre_archivo):
        self.nombre_archivo = nombre_archivo
        self.abrir_archivo()

    def abrir_archivo(self):
        try:
            self.archivo = open(self.nombre_archivo, 'r')
            print(f'Archivo {self.nombre_archivo} abierto correctamente.')
        except FileNotFoundError:
            print(f'El archivo {self.nombre_archivo} no existe.')
        except Exception as e:
            print(f'Ocurrió un error al abrir el archivo: {e}')
```

```
    def realizar_operacion_apertura(self):
        # Simulemos operaciones complejas en el archivo
        if hasattr(self, 'archivo') and self.archivo:
            for linea in self.archivo:
                print(linea.strip())

    def _ _del_ _(self):
        # Método destructor para cerrar el archivo
        if hasattr(self, 'archivo') and self.archivo:
            try:
                self.archivo.close()
                print(f'Archivo {self.nombre_archivo} cerrado correctamente.')
            except Exception as e:
                print(f'Ocurrió un error al cerrar el archivo: {e}')

#Instanciamos
# NOTA: Para el desarrollo del ejercicio, deberás crear un archivo con extensión .TXT
nombre_archivo = input("Ingresa el nombre del archivo, incluyendo su extension-[.txt]: ")
proceso = ProcesoComplejo(nombre_archivo)

#Realizar la operacion de apertura
print("\nINICIA PROCESO DE APERTURA:")
proceso.realizar_operacion_apertura()

#Eliminamos el objeto (esto llamará al método destructor)
print("\nHAREMOS EL LLAMADO AL MÉTODO DESTRUCTOR:")
del proceso
```

Este código en Python muestra la implementación de una clase llamada `ProcesoComplejo`, que se encarga de manejar la apertura y cierre de un archivo, así como la realización de operaciones complejas en él.

1. **Clase ProcesoComplejo:**
    - La clase `ProcesoComplejo` tiene tres métodos principales: `_ _init_ _`, `realizar_operaciones_complejas` y `_ _del_ _` (**método destructor**).

2. **Método `_ _init_ _`:**
    - Este método es el constructor de la clase. Recibe como parámetro el nombre del archivo que se desea procesar. Al inicializar un objeto de la clase `ProcesoComplejo`, primero asigna el nombre del archivo y luego llama al método `abrir_archivo()` para abrir el archivo.

3. **Método `abrir_archivo`:**

- Este método intenta abrir el archivo especificado en modo lectura ('r'). Si el archivo no se encuentra, maneja la excepción `FileNotFoundError` indicando que el archivo no existe. Si ocurre cualquier otro error durante la apertura del archivo, maneja la excepción genérica `Exception` e imprime el mensaje de error correspondiente.

4. **Método `realizar_operaciones_complejas`:**
   - Este método simula la realización de operaciones complejas en el archivo abierto. Primero verifica si el atributo `archivo` está definido y no es nulo, luego itera sobre cada línea del archivo e imprime su contenido eliminando los espacios en blanco al inicio y al final.
5. **Método `_ _del_ _` (Destructor):**
   - Este método es el destructor de la clase, se encarga de cerrar el archivo cuando el objeto de la clase es destruido. Verifica si el atributo `archivo` está definido y no es nulo, luego intenta cerrar el archivo. Si ocurre algún error durante el cierre del archivo, maneja la excepción genérica `Exception` e imprime el mensaje de error correspondiente.

6. **Uso del código:**
   - Se crea un objeto `proceso` de la clase `ProcesoComplejo`, pasando como argumento el nombre del archivo a procesar ('archivo.txt').
   - Se llama al método `realizar_operaciones_complejas()` para simular operaciones complejas en el archivo.
   - Se elimina el objeto `proceso` utilizando el operador `del`, lo que llama automáticamente al método destructor `_ _del_ _` y cierra el archivo.

HERENCIA

En Python, la herencia es un concepto fundamental en la programación orientada a objetos (POO). Permite que una clase (llamada clase hija o subclase) herede atributos y métodos de otra clase (llamada clase padre o superclase), lo que facilita la reutilización de código y promueve la organización y la estructura del programa. Aquí tienes una explicación detallada de la sintaxis que corresponde al tema de herencia en Python:

1. **Definición de una clase base (superclase):**
   - Para comenzar con la herencia, primero debemos definir una clase base. Esta clase contendrá los atributos y métodos que deseamos compartir con las clases hijas. La sintaxis básica para definir una clase es la siguiente:
     - En este ejemplo, `ClasePadre` es nuestra clase base que tiene un constructor `_ _**init**_ _` y un método llamado `metodo`.

Python
```
class ClasePadre:
    def _ _init_ _(self, atributo):
        self.atributo = atributo

    def metodo(self):
        print("Método de la clase padre")
```

2. **Definición de una clase derivada (subclase):**
   - Para heredar de la clase base, definimos una nueva clase y proporcionamos la clase base entre paréntesis después del nombre de la clase derivada. La nueva clase heredará todos los atributos y métodos de la clase base.
   - La sintaxis básica para definir una clase derivada es la siguiente:
     - En este ejemplo, `ClaseHija` es una clase derivada de `ClasePadre`. Utilizamos `super().__init__()` para llamar al constructor de la clase base y heredar su atributo. Además, agregamos un nuevo atributo llamado `atributo_hija` y un nuevo método llamado `metodo_hija`.

Python
```
class ClaseHija(ClasePadre):
    def __init__(self, atributo_hija, atributo_padre):
        super().__init__(atributo_padre)
        self.atributo_hija = atributo_hija

    def metodo_hija(self):
        print("Método de la clase hija")
```

3. **Creación de objetos y uso de la herencia:**
   - Ahora podemos crear objetos de la clase derivada y utilizar tanto los métodos heredados de la clase base como los métodos definidos en la clase derivada:
     - Aquí, `objeto_hija` es una instancia de la clase `ClaseHija`, que hereda de `ClasePadre`. Por lo tanto, puede acceder tanto a los atributos y métodos de la clase base como a los definidos en la clase derivada.

Python
```
objeto_hija = ClaseHija("atributo_hija_valor", "atributo_padre_valor")

# Accediendo a atributos y métodos heredados
print(objeto_hija.atributo)   # Salida: atributo_padre_valor
objeto_hija.metodo()          # Salida: Método de la clase padre

# Accediendo a atributos y métodos de la clase hija
print(objeto_hija.atributo_hija)  # Salida: atributo_hija_valor
objeto_hija.metodo_hija()         # Salida: Método de la clase hija
```

4. **Sobrescritura de métodos:**
   - En algunas situaciones, es posible que desees que una clase derivada modifique el comportamiento de un método heredado de la clase base. Puedes lograr esto definiendo el mismo método en la clase derivada, lo que se conoce como sobrescritura de método. Por ejemplo:
     - Aquí, el método `metodo` de la clase `ClaseHija` sobrescribe el método del mismo nombre en la clase base `ClasePadre`.

Python
```
class ClaseHija(ClasePadre):
    def metodo(self):
        print("Método sobrescrito de la clase hija")
```

```
objeto_hija = ClaseHija("atributo_hija_valor")
objeto_hija.metodo()  # Salida: Método sobrescrito de la clase hija
```

Esta es la sintaxis básica de herencia en Python. Es un concepto poderoso que permite una mejor organización y reutilización del código en programas más grandes y complejos.

EJEMPLO: HERENCIA

Python: Pulsa un clic sobre el enlace para visualizar el código:
https://drive.google.com/file/d/13noQm1la8UMVcgftLfJn9TVGcWb99Qf/view?usp=sharing

```
class Animal:
    def _ _init _ _(self, nombre, edad):
        self.nombre = nombre
        self.edad = edad

    def comer(self):
        print(f"{self.nombre} está comiendo.")

class Mamifero(Animal):
    def _ _init _ _(self, nombre, edad, tipo_pelaje):
        super(). _ _init _ _(nombre, edad)
        self.tipo_pelaje = tipo_pelaje

    def amamantar(self):
        print(f"{self.nombre} está amamantando a sus crías.")

class Ave(Animal):
    def _ _init _ _(self, nombre, edad, tipo_plumaje):
        super(). _ _init _ _(nombre, edad)
        self.tipo_plumaje = tipo_plumaje

    def volar(self):
        print(f"{self.nombre} está volando.")

class Perro(Mamifero):
    def _ _init _ _(self, nombre, edad, raza):
        super(). _ _init _ _(nombre, edad, "peludo")
        self.raza = raza

    def ladrar(self):
        print(f"{self.nombre} está ladrando.")
```

```
class Aguila(Ave):
    def __init__(self, nombre, edad, envergadura_alas):
        super().__init__(nombre, edad, "plumaje brillante")
        self.envergadura_alas = envergadura_alas

    def cazar(self):
        print(f"{self.nombre} está cazando.")


#Informar al usuario que realice la captura
print("CAPTURA LOS DATOS DE LA MASCOTA: ")
#Instanciar
mi_perro = Perro()
#Asignamos los valores a los atributos
mi_perro.nombre = input("Ingresa el nombre: ")
mi_perro.edad = int(input("Ingresa la edad: "))
mi_perro.raza = input("Ingresa la raza: ")

print("\nLOS METODOS ASOCIADOS A LA MASCOTA")
mi_perro.ladrar() #Metodo --> Clase: Perro
mi_perro.comer() #Metodo --> Clase: Animal

print("\nCAPTURA LOS DATOS DEL AVE: ")
nombre = input("Ingresa el nombre: ")
edad = int(input("Ingresa la edad: "))
evergadura_alas = input("Ingresa información de las alas: ")
#Asignamos los valores a los atributos
mi_aguila = Aguila(nombre,edad,evergadura_alas)
print("\nLOS METODOS ASOCIADOS A LAS AVES")
mi_aguila.cazar() #Metodo --> Clase: Aguila
mi_aguila.volar() #Metodo --> Clase: Ave
```

Este código en Python define una jerarquía de clases relacionadas con animales, con el objetivo de modelar diferentes tipos de comportamientos y características compartidas entre ellos.

1. **Clase Animal:** Es la clase base que define propiedades básicas de un animal, como su nombre y edad. También tiene un método `comer()` que imprime un mensaje indicando que el animal está comiendo.

2. **Clase Mamífero:** Esta clase hereda de la clase `Animal`. Además de las propiedades básicas de un animal, un mamífero tiene un tipo de pelaje. Define un método adicional `amamantar()` que indica que el mamífero está amamantando a sus crías.
3. **Clase Ave:** Similar a la clase `Mamífero`, también hereda de `Animal`. Un ave tiene un tipo de plumaje. Define un método `volar()` que indica que el ave está volando.

4. **Clase Perro:** Es un tipo específico de mamífero. Además de las propiedades de un mamífero, un perro tiene una raza. Define un método adicional `ladrar()` que indica que el perro está ladrando.
5. **Clase Águila:** Similar a la clase `Perro`, es un tipo específico de ave. Además de las propiedades de un ave, un águila tiene una envergadura de alas. Define un método adicional `cazar()` que indica que el águila está cazando.

Luego, se instancia un perro llamado "Bobby" y un águila llamada "Aquila". Se llaman a varios métodos en estas instancias para mostrar sus comportamientos específicos:

- `mi_perro.comer()`: Bobby está comiendo.
- `mi_perro.amamantar()`: Este llamado dará un error, ya que los perros no amamantan.
- `mi_perro.ladrar()`: Bobby está ladrando.
- `mi_aguila.comer()`: Aquila está comiendo.
- `mi_aguila.volar()`: Aquila está volando.
- `mi_aguila.cazar()`: Aquila está cazando.

Este ejemplo ilustra el uso de herencia en la programación orientada a objetos, donde las clases más específicas (como `Perro` y `Águila`) heredan comportamientos y propiedades de clases más generales (como `Mamífero` y `Ave`, respectivamente). Esto permite modelar de manera eficiente las relaciones y comportamientos entre diferentes tipos de objetos.

SOBREESCRITURA DEL MÉTODO STR

En Python, el método `str()` es una función que convierte su argumento en una representación de cadena (string). Dependiendo del tipo de dato que pases como argumento, la función `str()` puede comportarse de manera diferente. Aquí tienes una explicación detallada de cómo funciona y cómo se utiliza:

Sintaxis:

- `objeto`: Es el objeto que se quiere convertir a una representación de cadena.

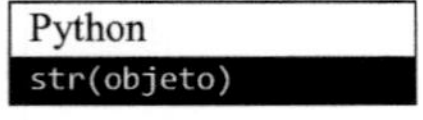

Python
```
str(objeto)
```

Funcionamiento:

1. **Si el objeto es una cadena (`str`):**

- Si el objeto que pasas como argumento ya es una cadena, `str()` simplemente devuelve el mismo objeto sin modificarlo. Esto puede ser útil si deseas asegurarte de que una variable sea tratada como cadena, incluso si ya lo es.

Python
```
cadena = "Hola mundo"
resultado = str(cadena)
print(resultado)  # Salida: Hola mundo
```

2. **Si el objeto es otro tipo de dato:**
   - Si el objeto que pasas como argumento no es una cadena, `str()` intentará devolver una representación de cadena legible para ese objeto. Para hacer esto, buscará si el objeto tiene un método especial llamado `__**str**__()` definido. Si lo tiene, invocará ese método para obtener la representación de cadena. Si no tiene ese método, `str()` intentará invocar `__repr__()` en su lugar.

Python
```
numero = 10
resultado = str(numero)
print(resultado)  # Salida: 10
```

Ejemplo con método `__str__()`:

Python
```
class Persona:
    def __init__(self, nombre, edad):
        self.nombre = nombre
        self.edad = edad

    def __str__(self):
        return f"Nombre: {self.nombre}, Edad: {self.edad}"

persona = Persona("Juan", 30)
resultado = str(persona)
print(resultado)  # Salida: Nombre: Juan, Edad: 30
```

En este ejemplo, la clase `Persona` define un método especial `__**str**__()` que devuelve una representación de cadena personalizada de la instancia. Cuando se llama a `str()` con un objeto de la clase `Persona`, invoca automáticamente el método `__**str**__()` y devuelve la cadena resultante.

Uso de `str()` con otros tipos de datos:

- Listas, tuplas y diccionarios: `str()` devuelve una representación de cadena de los elementos contenidos en ellos.
- Números: Convierte números en cadenas de dígitos.
- Otros objetos: Intenta proporcionar una representación de cadena legible para el objeto.

El método `str()` es una forma útil de obtener una representación de cadena legible para humanos de varios tipos de datos en Python, y es especialmente útil cuando se trabaja con clases personalizadas y se quiere controlar cómo se muestra una instancia de la clase como una cadena.

EJEMPLO: METODO STR

Python: Pulsa un clic sobre el enlace para visualizar el código:
https://drive.google.com/file/d/1WKKmtImHDeOD6Y3X4LmMFh2nmFBSa9dR/view?usp=sharing

```
class Producto:
    def _ _init_ _(self, nombre, precio, cantidad_disponible):
        self.nombre = nombre
        self.precio = precio
        self.cantidad_disponible = cantidad_disponible
        self.transacciones = []

    def registrar_transaccion(self, tipo, cantidad):
        self.transacciones.append((tipo, cantidad))

    def _ _str_ _(self):
        info = f"Producto: {self.nombre}\n"
        info += f"Precio: ${self.precio}\n"
        info += f"Cantidad disponible: {self.cantidad_disponible}\n"
        info += "Últimas transacciones:\n"

        # Asegurarse de que no se muestren más de las últimas 10
        transacciones
        transacciones_a_mostrar = self.transacciones[-10:]

        for tipo, cantidad in transacciones_a_mostrar:
            info += f"- Tipo: {tipo}, Cantidad: {cantidad}\n"
        return info

#Solicitamos los valores:
#Camiseta, 19.99, 100
nombre = input("Ingresa el nombre del producto: ")
precio= float(input("Ingresa el precio del producto: "))
cantidad_disponible = int(input("Ingresa la cantidad de productos: "))

#Instanciamos y asignamos los argumentos a la funcion
producto1 = Producto(nombre, precio, cantidad_disponible)

print("REGISTRAR TRANSACCIÓN:")
producto1.registrar_transaccion("venta",5)
producto1.registrar_transaccion("reabastecimiento",50)

#Enviamos a impresion
print(producto1)
```

Este código Python define una clase llamada `Producto` que modela un producto en un sistema de inventario. Aquí está una explicación técnica de cada parte del código:

1. **Clase Producto:**
   - La clase `Producto` define los atributos y métodos necesarios para representar un producto. Sus atributos son:
     - `nombre`: El nombre del producto.
     - `precio`: El precio del producto.
     - `cantidad_disponible`: La cantidad disponible del producto en el inventario.
     - `transacciones`: Una lista que almacenará las transacciones realizadas con el producto.

2. **Método `__init__`:**
     - Este método es el constructor de la clase `Producto`. Se ejecuta automáticamente cada vez que se crea una nueva instancia de la clase.
     - Recibe cuatro parámetros: `nombre`, `precio`, `cantidad_disponible`.
     - Inicializa los atributos de la instancia con los valores proporcionados y crea una lista vacía para almacenar las transacciones.

3. **Método `registrar_transaccion`:**
     - Este método registra una nueva transacción asociada al producto.
     - Recibe dos parámetros: `tipo` y `cantidad`.
     - Agrega una tupla `(tipo, cantidad)` a la lista `transacciones` de la instancia.

4. **Método `__str__`:**
     - Este método proporciona una representación en forma de cadena del objeto `Producto`.
     - Construye una cadena que incluye el nombre del producto, su precio, cantidad disponible y las últimas transacciones registradas.
     - Para las transacciones, solo muestra las últimas 10 transacciones registradas.
     -

5. **Uso del ejemplo:**
     - Se crea una instancia de `Producto` llamada `producto1` con el nombre "Camiseta", un precio de 15.99 y una cantidad inicial de 100.
     - Se registran dos transacciones para `producto1`: una venta de 5 unidades y un reabastecimiento de 50 unidades.
     - Luego, se imprime la representación en forma de cadena del objeto `producto1` utilizando `print(producto1)`.

Este código proporciona una manera de modelar productos en un sistema de inventario, registrar transacciones relacionadas con esos productos y mostrar información relevante sobre los productos, incluidas sus transacciones más recientes.

HERENCIA MÚLTIPLE

En Python, la herencia múltiple es un concepto que permite a una clase heredar atributos y métodos de más de una clase base. Esto significa que una clase derivada puede heredar comportamientos y características de varias clases base. La sintaxis para implementar la herencia múltiple en Python es bastante sencilla y sigue el siguiente formato:

Python
```
class ClaseDerivada(ClaseBase1, ClaseBase2, ..., ClaseBaseN):
    # Definición de métodos y atributos de la clase derivada
```

Aquí, \`ClaseDerivada\` es la clase que hereda de múltiples clases base (\`ClaseBase1\`, \`ClaseBase2\`, ..., \`ClaseBaseN\`). La clase derivada tendrá acceso a todos los métodos y atributos definidos en todas las clases base.

Veamos un ejemplo práctico para entender mejor cómo funciona la herencia múltiple en Python:

Python
```
class Mamifero:
    def respirar(self):
        print("El mamífero respira")

class Ave:
    def volar(self):
        print("El ave vuela")

class Murcielago(Mamifero, Ave):
    def sonar(self):
        print("El murciélago emite sonido de ultrasonido")

# Crear una instancia de la clase Murcielago
murcielago = Murcielago()

# Acceder a métodos heredados
murcielago.respirar()  # Salida: El mamífero respira
murcielago.volar()     # Salida: El ave vuela
murcielago.sonar()     # Salida: El murciélago emite sonido de ultrasonido
```

En este ejemplo, tenemos tres clases: \`Mamifero\`, \`Ave\` y \`Murcielago\`. La clase \`Murcielago\` hereda de las clases \`Mamifero\` y \`Ave\`, por lo que puede acceder tanto al método \`respirar()\` de la clase \`Mamifero\` como al método \`volar()\` de la clase \`Ave\`. Además, la clase \`Murcielago\` también define su propio método \`sonar()\`. Al crear una instancia de la clase \`Murcielago\` y llamar a sus métodos, podemos ver cómo la herencia múltiple permite combinar comportamientos de diferentes clases base en una sola clase derivada.

Es importante tener en cuenta que la herencia múltiple puede llevar a complejidades en el diseño del código y puede resultar confusa si no se maneja correctamente. Es recomendable usarla con cuidado y considerar otras técnicas de diseño, como la composición, cuando sea posible.

EJEMPLO: HERENCIA MÚLTIPLE

Python: Pulsa un clic sobre el enlace para visualizar el código:
https://drive.google.com/file/d/1hH9Q8xlANBsY6THPxjyTbuWrrcpdWXxE/view?usp=sharing

```
class Empleado:
    def __init__(self, nombre, salario_base):
        self.nombre = nombre
        self.salario_base = salario_base

    def calcular_salario(self):
        return self.salario_base


class EmpleadoTiempoCompleto(Empleado):
    def __init__(self, nombre, salario_base, bono_anual):
        super().__init__(nombre, salario_base)
        self.bono_anual = bono_anual

    def calcular_salario(self):
        return super().calcular_salario() + self.bono_anual

class EmpleadoPorHoras(Empleado):
    def __init__(self, nombre, salario_base, horas_trabajadas, tarifa_por_hora):
        super().__init__(nombre, salario_base)
        self.horas_trabajadas = horas_trabajadas
        self.tarifa_por_hora = tarifa_por_hora

    def calcular_salario(self):
        return super().calcular_salario() + (self.horas_trabajadas * self.tarifa_por_hora)

class EmpleadoTemporario(Empleado):
    def __init__(self, nombre, salario_base, duracion_contrato, salario_por_mes):
        super().__init__(nombre, salario_base)
        self.duracion_contrato = duracion_contrato
        self.salario_por_mes = salario_por_mes

    def calcular_salario(self):
        return self.salario_por_mes


class Gerente(EmpleadoTiempoCompleto):
    def __init__(self, nombre, salario_base, bono_anual, bono_gestion):
        super().__init__(nombre, salario_base, bono_anual)
        self.bono_gestion = bono_gestion
```

```
    def calcular_salario(self):
        return super().calcular_salario() + self.bono_gestion

#Instanciamos
#Ingresamos: Juan --- 50,000 --- 10,000 --- 5,000
nombre = input("Ingresa el nombre del Gerente: ")
salario_base = float(input("Ingresa el salario base: "))
bono_anual = float(input("Ingresa el Bono Anual: "))
bono_gestion = float(input("Ingresa el Bono de Gestión: "))

gerente1 = Gerente(nombre, salario_base, bono_anual, bono_gestion)
#Enviamos a impresion
# Resultado del calculo: $65,000
print(gerente1.calcular_salario())

empleado_por_horas = EmpleadoPorHoras("Pedro", 15, 40, 10)
print(empleado_por_horas.calcular_salario())  # Salida: 415
```

El código proporcionado es un ejemplo de programación orientada a objetos en Python. Se define una jerarquía de clases relacionadas a empleados con diferentes tipos y métodos para calcular su salario. Aquí tienes una explicación técnica de cada parte del código:

1. **Clase `Empleado`:** Esta es la clase base que define los atributos comunes a todos los empleados, como el nombre y el salario base. Tiene un método `calcular_salario()` que simplemente devuelve el salario base.
2. **Clase `EmpleadoTiempoCompleto`:** Esta clase hereda de `Empleado` y agrega un atributo adicional, `bono_anual`, que se suma al salario base al calcular el salario total. También sobrescribe el método `calcular_salario()` para incluir el bono anual en el cálculo.
3. **Clase `EmpleadoPorHoras`:** Similar a `EmpleadoTiempoCompleto`, esta clase también hereda de `Empleado`. Tiene atributos adicionales `horas_trabajadas` y `tarifa_por_hora`, que se utilizan para calcular el salario total multiplicando las horas trabajadas por la tarifa por hora y sumando al salario base.
4. **Clase `EmpleadoTemporario`:** Al igual que las anteriores, hereda de `Empleado`. Agrega atributos para la duración del contrato y el salario por mes. Su método `calcular_salario()` devuelve simplemente el salario por mes, sin sumar nada al salario base.
5. **Clase `Gerente`:** Esta clase hereda de `EmpleadoTiempoCompleto`, lo que significa que incluye todas las características de un empleado a tiempo completo, incluyendo el bono anual. Además, agrega un atributo `bono_gestion` que se suma al salario total. Su método `calcular_salario()` sobrescribe el de `EmpleadoTiempoCompleto` para incluir este bono adicional.

El ejemplo de uso al final del código instancia un objeto `Gerente` y un objeto `EmpleadoPorHoras`, y luego calcula el salario de cada uno usando el método `calcular_salario()` correspondiente a su clase.

POLIMORFISMO

El polimorfismo es un concepto fundamental en la programación orientada a objetos que permite a los objetos de diferentes clases ser tratados de manera uniforme. En Python, el polimorfismo se logra mediante el uso de métodos y funciones que pueden tomar diferentes formas según el tipo de objeto con el que están siendo utilizados.

Aquí hay una explicación detallada de cómo se implementa el polimorfismo en Python:

1. **Métodos Polimórficos:**
   - En Python, los métodos de una clase pueden ser sobreescritos en subclases para realizar tareas específicas. Esto permite que diferentes clases implementen el mismo método de manera diferente. Cuando un método es llamado sobre un objeto, Python determina dinámicamente qué implementación del método debe ejecutar, según el tipo de objeto que lo llamó.

   Ejemplo:
   - En este ejemplo, las clases `Perro` y `Gato` heredan de la clase base `Animal`, y cada una implementa su propio método `sonido()`. La función `hacer_sonar()` toma un objeto de tipo `Animal` como argumento y llama al método `sonido()`. Dependiendo del tipo de animal que se pase a la función, se ejecutará la implementación correspondiente del método `sonido()`.

Python

```
class Animal:
    def sonido(self):
        pass

class Perro(Animal):
    def sonido(self):
        return "Guau!"

class Gato(Animal):
    def sonido(self):
        return "Miau!"

------------------------
def hacer_sonar(animal):
    print(animal.sonido())

perro = Perro()
gato = Gato()

hacer_sonar(perro)  # Salida: Guau!
hacer_sonar(gato)   # Salida: Miau!
```

2. **Funciones Polimórficas:**

- Las funciones en Python también pueden ser polimórficas, lo que significa que pueden tomar diferentes tipos de argumentos y ejecutar diferentes lógicas según los tipos de datos recibidos.

  Ejemplo:

  - En este ejemplo, la función `area()` toma un objeto que debe tener un método `calcular_area()`. No importa si el objeto es un `Cuadrado` o un `Circulo`, siempre y cuando tengan el método `calcular_area()`, la función puede calcular el área de la figura correctamente.

Python

```
def area(figura):
    return figura.calcular_area()

class Cuadrado:
    def _ _init_ _(self, lado):
        self.lado = lado

    def calcular_area(self):
        return self.lado   2

class Circulo:
    def _ _init_ _(self, radio):
        self.radio = radio

    def calcular_area(self):
        return 3.14159 * self.radio   2

cuadrado = Cuadrado(4)
circulo = Circulo(3)

print(area(cuadrado))  # Salida: 16
print(area(circulo))   # Salida: 28.27431
```

3. **Sobreescritura de Operadores:**

- Python permite la sobreescritura de operadores, lo que significa que los operadores incorporados como `+`, `-`, `*`, etc., pueden ser utilizados de manera polimórfica en diferentes tipos de objetos.

  Ejemplo:

  - En este ejemplo, se sobrecarga el operador `+` mediante el método especial `_ _add_ _()`, lo que permite sumar dos objetos `Punto` de manera que sus coordenadas se sumen elemento por elemento.

Python

```
class Punto:
    def _ _init_ _(self, x, y):
        self.x = x
```

```
        self.y = y

    def __add__(self, otro):
        return Punto(self.x + otro.x, self.y + otro.y)


p1 = Punto(1, 2)
p2 = Punto(3, 4)
resultado = p1 + p2
print(resultado.x, resultado.y)  # Salida: 4 6
```

En Python el polimorfismo se logra a través de la capacidad de los métodos y funciones para adaptarse dinámicamente a diferentes tipos de objetos, permitiendo que el mismo nombre de método o función pueda tener diferentes implementaciones según el tipo de objeto que se esté utilizando.

EJEMPLO: POLIMORFISMO

Python: Pulsa un clic sobre el enlace para visualizar el código:
https://drive.google.com/file/d/1bLe2X_pidhnYrtNL0IWSfUrYyIZBv6cd/view?usp=sharing

```
class Vehiculo:
    def calcular_impuesto(self):
        pass

class Automovil(Vehiculo):
    def __init__(self, cilindrada):
        self.cilindrada = cilindrada

    def calcular_impuesto(self):
        return self.cilindrada * 2

class Motocicleta(Vehiculo):
    def __init__(self, cilindrada):
        self.cilindrada = cilindrada

    def calcular_impuesto(self):
        return self.cilindrada * 1.5

class Bicicleta(Vehiculo):
    def __init__(self, tipo):
        self.tipo = tipo

    def calcular_impuesto(self):
        if self.tipo == 'infantil':
            return 0
        elif self.tipo == 'adulto':
```

```
            return 10
        else:
            return 5

# Función para calcular el impuesto total de una lista de vehículos
def calcular_impuesto_total(vehiculos):
    impuesto_total = 0
    for vehiculo in vehiculos:
        impuesto_total += vehiculo.calcular_impuesto()
    return impuesto_total

# Crear algunos vehículos
automovil1 = Automovil(2000)  # Cilindrada: 2000 cc
motocicleta1 = Motocicleta(500)  # Cilindrada: 500 cc
bicicleta1 = Bicicleta('infantil')
bicicleta2 = Bicicleta('adulto')


# Calcular el impuesto total de la lista de vehículos
vehiculos = [automovil1, motocicleta1, bicicleta1, bicicleta2]
impuesto_total = calcular_impuesto_total(vehiculos)
print("Impuesto total a pagar:", impuesto_total)
```

Este código Python define una jerarquía de clases relacionadas con vehículos y proporciona métodos para calcular el impuesto asociado a cada tipo de vehículo. A continuación, se explica la estructura y el funcionamiento del código:

1. Clase Vehiculo: Es una clase base abstracta que define un método `calcular_impuesto`, pero no implementa ninguna lógica. Todas las clases de vehículos específicos heredarán de esta clase y deberán proporcionar su propia implementación del método `calcular_impuesto`.
2. Clases Automovil, Motocicleta y Bicicleta: Estas clases heredan de la clase Vehiculo y proporcionan implementaciones concretas del método `calcular_impuesto`. Cada una de ellas tiene atributos específicos: Automovil y Motocicleta tienen un atributo de cilindrada, mientras que Bicicleta tiene un atributo de tipo.
3. Función calcular_impuesto_total: Esta función toma una lista de objetos de vehículo y calcula el impuesto total sumando los impuestos individuales de cada vehículo en la lista. Utiliza el método `calcular_impuesto` de cada objeto de vehículo para obtener el impuesto individual.
4. Creación de objetos de vehículos: Se crean instancias de varios tipos de vehículos, proporcionando los atributos necesarios (como cilindrada para Automovil y Motocicleta, y tipo para Bicicleta).
5. Cálculo del impuesto total: Se crea una lista que contiene todos los objetos de vehículos creados, y se llama a la función `calcular_impuesto_total` para obtener el impuesto total a pagar por todos los vehículos en la lista.

6. Impresión del resultado: Finalmente, el impuesto total calculado se imprime en la consola.

Este código proporciona una estructura básica para calcular impuestos sobre diferentes tipos de vehículos, utilizando la programación orientada a objetos y la herencia de clases en Python.

CONEXIÓN A BASE DE DATOS CON PYTHON & POSTGRES

Descarga e Instalación de PostgreSQL en Windows:

Paso 1: Descarga de PostgreSQL:

1. Abre tu navegador web y dirígete al sitio web oficial de PostgreSQL en https://www.postgresql.org/download/.
2. Selecciona tu sistema operativo, en este caso, Windows.
3. Selecciona la versión más reciente de PostgreSQL disponible.
4. Haz clic en el enlace de descarga para comenzar a descargar el instalador.

Paso 2: Ejecutar el Instalador:

1. Una vez que la descarga haya finalizado, haz doble clic en el archivo de instalación descargado (por ejemplo, `postgresql-x.x-x-windows-x64.exe`).
2. Se abrirá el asistente de instalación de PostgreSQL. Haz clic en "Siguiente" para comenzar.

Paso 3: Configurar la Instalación:

1. Selecciona el directorio de instalación. Por lo general, se recomienda aceptar la ubicación predeterminada a menos que tengas una razón específica para cambiarla. Luego, haz clic en "Siguiente".
2. Selecciona los componentes que deseas instalar. A menos que tengas una necesidad específica, puedes dejar las opciones predeterminadas seleccionadas. Haz clic en "Siguiente".
3. Selecciona el directorio en el que deseas almacenar los datos del servidor. Nuevamente, la ubicación predeterminada es adecuada para la mayoría de los usuarios. Haz clic en "Siguiente".
4. Configura la contraseña para el usuario "postgres". Asegúrate de elegir una contraseña segura y recuérdala, ya que la necesitarás para administrar PostgreSQL más adelante. Haz clic en "Siguiente".
5. Revisa las opciones de instalación y, si estás satisfecho, haz clic en "Siguiente" para comenzar la instalación.

Paso 4: Instalación Completa:

1. El instalador comenzará a copiar los archivos necesarios e instalar PostgreSQL en tu sistema.
2. Una vez que la instalación haya finalizado con éxito, verás un mensaje indicando que la instalación se completó correctamente. Haz clic en "Finalizar" para cerrar el asistente de instalación.

Paso 5: Verificar la Instalación:

1. Abre el menú de inicio y busca "pgAdmin". Deberías encontrar el "pgAdmin" instalado junto con PostgreSQL. Abre pgAdmin.
2. Si pgAdmin se abre correctamente, significa que PostgreSQL se instaló con éxito en tu sistema.
3. Para verificar que el servidor PostgreSQL esté en ejecución, busca "Services" en el menú de inicio, abre la aplicación "Services" y busca "postgresql-x64-x.x" en la lista de servicios. Debería estar marcado como "Running".

VIDEO CON LA EXPLICACIÓN DEL PROCESO DE INSTALACIÓN

Pulsa un click sobre el enlace para poder visualizar el video: https://youtu.be/g3rNrZQLiO4

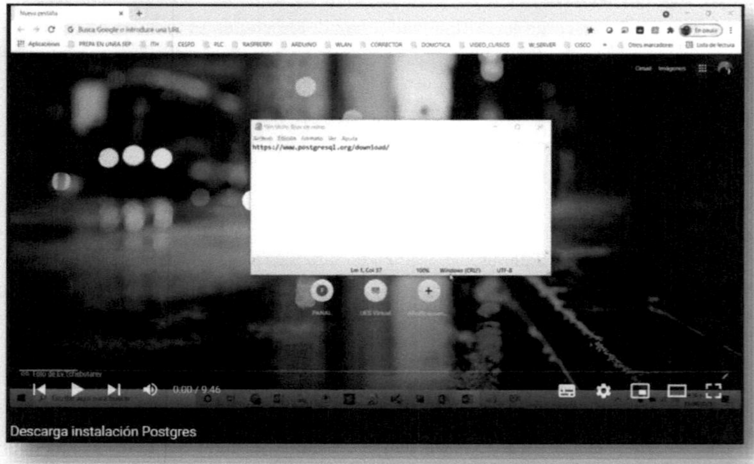

PYTHON & POSTGRESQL: PSYCOPG2

EJEMPLO PRÁCTICO: CONEXIÓN CON BASE DE DATOS

Supongamos que estás desarrollando una aplicación en Python que necesita almacenar información de usuarios en una base de datos **PostgreSQL**. Vamos a seguir los pasos proporcionados para instalar **psycopg2**, crear una base de datos y un usuario, y luego conectarnos a **PostgreSQL** desde Python para realizar una operación simple.

1. **Instalar psycopg2:**
   - Abre una **terminal** y ejecuta el siguiente comando:

Python: Terminal

```
pip install psycopg2
```

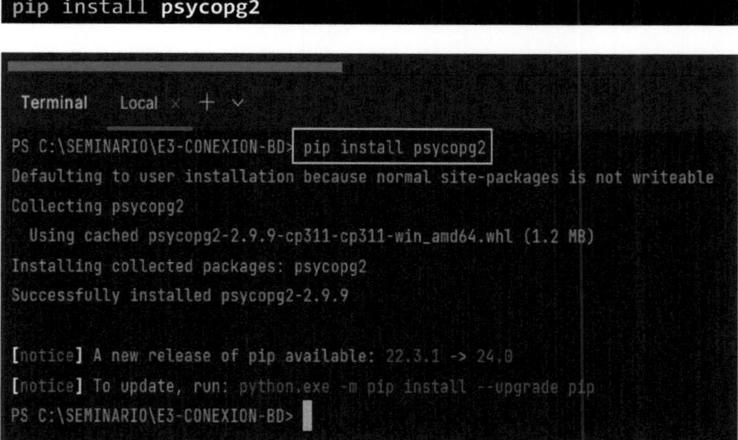

2. **Para abrir PgAdmin y acceder a la herramienta de consultas (Query Tool), sigue los siguientes pasos:**

   1. Inicio de sesión en PgAdmin:
      - Abre **PgAdmin** desde el menú de inicio o el lugar donde lo hayas instalado.
      - Ingresa tus credenciales (**usuario** y **contraseña**) si se te solicitan.

2. Conexión a la base de datos:
    - Una vez que hayas iniciado sesión en **PgAdmin**, verás una lista de servidores a la izquierda. Haz clic en el servidor al que deseas conectarte.
    - Se expandirá una lista de bases de datos debajo del servidor seleccionado. Selecciona la base de datos con la que deseas trabajar haciendo clic en ella.

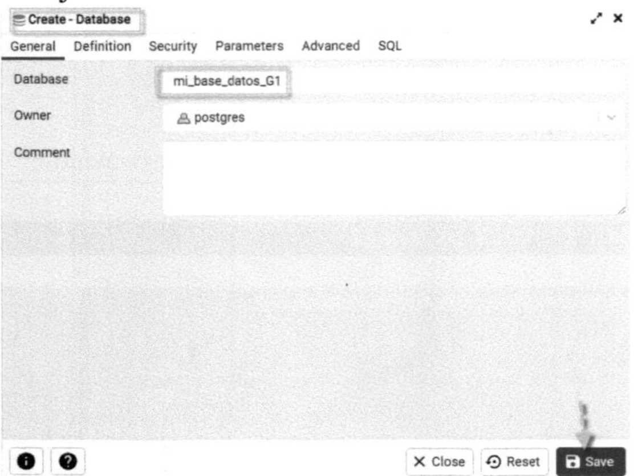

Crear Tabla

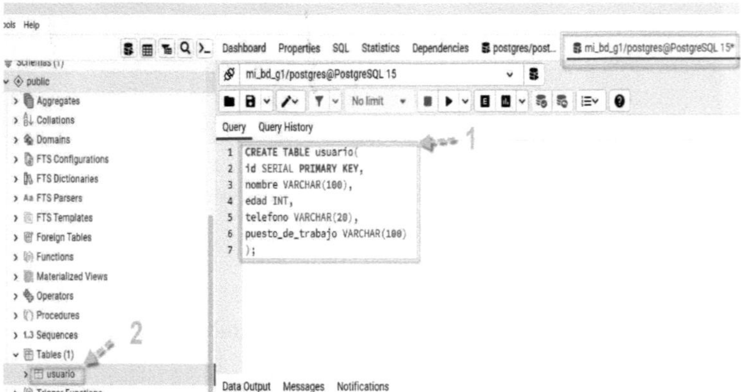

3. **Conectar PostgreSQL desde Python (PyCharm) con psycopg2:**

- Crea un archivo llamado `**conexion_postgresql.py**` y elabora el siguiente código:

Python: Pulsa un click sobre el enlace, para descargar el archivo, con extensión **.py**
https://drive.google.com/file/d/1aEDSw25zNxgfD8Hz2eB9mM9sGV8MB6Zc/view?usp=sharing

```
# Importamos la librería psycopg2, que nos permite conectarnos a bases de datos PostgreSQL
desde Python

import psycopg2

try:
    # Establecemos una conexión con la base de datos PostgreSQL
    connection = psycopg2.connect(
        user="postgres",          # Usuario de la base de datos
        password="admin",         # Contraseña del usuario
        host="localhost",         # Host donde se encuentra la base de datos
        port="5432",              # Puerto de conexión
        database="mi_base_datos" # Nombre de la base de datos a la que nos conectamos
    )

    # Creamos un cursor para ejecutar consultas SQL
    cursor = connection.cursor()

# Ejecutamos una consulta SQL para insertar un nuevo registro en la tabla 'usuario'
# Utilizamos parámetros (%s) para evitar la inyección SQL y pasamos los valores como una
tupla
    cursor.execute("INSERT INTO usuario(nombre, edad, telefono, puesto_de_trabajo)
    VALUES(%s, %s, %s, %s);", ("JUAN", 25, "123456789", "Profesor"))

    # Confirmamos los cambios en la base de datos
    connection.commit()

    # Mostramos un mensaje indicando que el usuario fue ingresado correctamente
    print("Usuario ingresado de manera correcta")

except (Exception, psycopg2 Error) as error:
# Capturamos cualquier excepción que pueda ocurrir durante la conexión o la ejecución de
consultas SQL
    print("Error al conectar con PostgresSQL: ", error)

finally:
    # Cerramos el cursor y la conexión a la base de datos
    if connection:
        cursor.close()
        connection.close()
        print("Conexion cerrada")
```

4. **Ejecutar tu script Python:**

- Guarda el archivo.
- Abre una **terminal** y navega al directorio donde guardaste el archivo.
- Ejecuta el script con el siguiente comando:

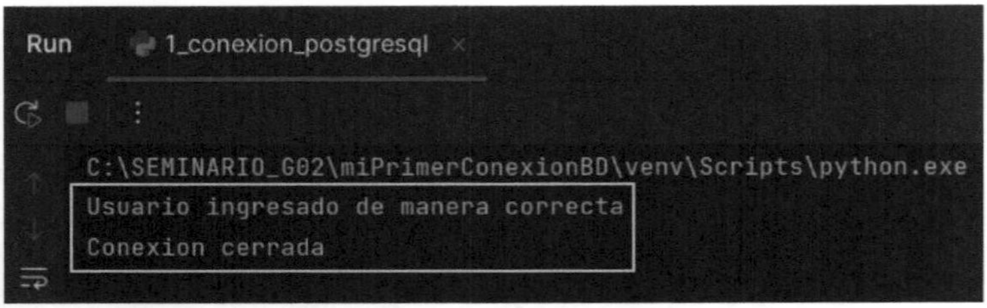

```
Run    1_conexion_postgresql
C:\SEMINARIO_G02\miPrimerConexionBD\venv\Scripts\python.exe
Usuario ingresado de manera correcta
Conexion cerrada
```

Este ejemplo conecta a PostgreSQL, inserta un nuevo usuario en la base de datos y cierra la conexión. Puedes adaptar este ejemplo según las necesidades específicas de tu aplicación y realizar otras operaciones como consultas, actualizaciones o eliminaciones.

UTILIZACIÓN DE WITH Y PSYCOPG

Python: Pulsa un click sobre el enlace, para descargar el archivo, con extensión del lenguaje python **[.py]**
https://drive.google.com/file/d/1Bou3pXKTZtZpE5ldYQ5CCmP1wyXLERC9/view?usp=sharing

```
import psycopg2  # Importa la librería psycopg2 para conectarse a PostgreSQL

# Intenta conectarse a la base de datos PostgreSQL
try:
    # Establece la conexión con la base de datos
    connection = psycopg2.connect(
        user="postgres",        # Usuario de la base de datos
        password="admin",       # Contraseña del usuario
        host="localhost",       # Dirección del servidor de la base de datos
        port="5432",            # Puerto en el que escucha la base de datos
        database="bdAdmon_g01" # Nombre de la base de datos a la que se conectará
    )

    # Crea un cursor para ejecutar sentencias SQL
    cursor = connection.cursor()

  # Ejecuta una sentencia SQL para insertar un nuevo registro en la tabla 'usuario'
  # Utiliza marcadores de posición (%s) para los valores y una tupla para pasar los
valores
    cursor.execute("INSERT INTO usuario(nombre, edad, telefono, puesto_de_trabajo)
    VALUES(%s, %s, %s, %s);", ("JUAN",25,"123456789","Profesor"))

    # Confirma los cambios realizados en la base de datos
    connection.commit()

    # Imprime un mensaje indicando que el usuario fue ingresado correctamente
```

```
    print("Usuario ingresado de manera correcta")

    # Ejecuta una sentencia SQL para seleccionar todos los registros de la tabla 'usuario'
    cursor.execute("select * from usuario")

    # Obtiene todos los registros seleccionados y los almacena en la variable 'rows'
    rows = cursor.fetchall()

    # Itera sobre cada registro obtenido e imprime sus valores
    for r in rows:
        print(r)

# Captura y maneja las excepciones que puedan ocurrir durante la conexión o la ejecución
de las sentencias SQL
except Exception as error:
    # Imprime el mensaje de error
    print("Ocurrió un error:", error)

# Finalmente, cierra la conexión con la base de datos
finally:
    if connection:
        cursor.close()      # Cierra el cursor
        connection.close()  # Cierra la conexión
```

FUNCIÓN FETCH ONE ON PSYCOPG: UN REGISTRO

Recuperación de un solo registro

Python: Pulsa un click sobre el enlace, para descargar el archivo, con extensión del lenguaje python [.py] https://drive.google.com/file/d/1WH7S5j8ek05Ef8F94lcmxKY7Yr5VfcrD/view?usp=sharing

```python
import psycopg2

# Establece la conexión con la base de datos
conexion = psycopg2.connect(
    dbname="bdAdmon_g01",
    user="postgres",
    password="admin",
    host="localhost",
    port="5432"
)

# Crea un cursor
cursor = conexion.cursor()

# Define la consulta SQL con placeholders para recuperar un solo registro
consulta_sql = "SELECT * FROM usuario WHERE nombre = %s"

# Solicita al usuario el valor para el parámetro
valor_parametro = input("Introduce el valor para el parámetro: ")

# Ejecuta la consulta SQL con el valor del parámetro
cursor.execute(consulta_sql, (valor_parametro,))

# Recupera el registro
registro = cursor.fetchone()

# Muestra el registro recuperado
if registro:
    print("Registro recuperado:", registro)
else:
    print("No se encontraron registros.")

# Cierra el cursor y la conexión
cursor.close()
conexion.close()
```

Ejecutar tu script Python:

- Guarda el archivo.
- Abre una **terminal** y navega al directorio donde guardaste el archivo.
- Ejecuta el script con el siguiente comando:

```
Run    conexion_postgresql

C:\SEMINARIO_G01\conexionPosgres\venv\Scripts\python.exe C:\SEMINARIO_G01\co
Introduce el valor para el parámetro: JUAN
Registro recuperado: (6, 'JUAN', 25, '123456789', 'Profesor')
```

FUNCIÓN FETCH ONE ON PSYCOPG: MULTIPLES REGISTROS

Python: Pulsa un click sobre el enlace, para descargar el archivo, con extensión del lenguaje python [.py]
https://drive.google.com/file/d/1sV-ZoJkPAPwBRKlH_0s0sLp2dnoy5WcF/view?usp=sharing

```
import psycopg2

# Conexión a la base de datos
conn = psycopg2.connect(
    database="bdAdmon_g01",
    user="postgres",
    password="admin",
    host="localhost",
    port="5432"
)

# Crear un cursor para ejecutar consultas SQL
cursor = conn.cursor()

# Consulta SQL dinámica con parámetros
sql_query = "SELECT * FROM usuario WHERE id IN %s"

# Solicitar información al usuario
user_input = input("Por favor, proporcione los ID de los registros a buscar separados por comas: ")

# Procesar la entrada del usuario y convertirla en una tupla de enteros
ids = tuple(map(int, user_input.split(',')))
values = (ids,)

# Ejecutar la consulta SQL con los valores proporcionados
cursor.execute(sql_query, values)

# Recuperar y mostrar los resultados
for row in cursor.fetchall():
```

```
    print(row)

# Cerrar el cursor
cursor.close()

# Cerrar la conexión a la base de datos
conn.close()
```

Ejecutar tu script Python:

- Guarda el archivo.
- Abre una **terminal** y navega al directorio donde guardaste el archivo.
- Ejecuta el script con el siguiente comando:

```
Run   conexion_postgresql
C:\SEMINARIO_G01\conexionPosgres\venv\Scripts\python.exe C:\SEMINARIO_G01\conexionPosgres\conexion_postgresql.p
Por favor, proporcione los ID de los registros a buscar separados por comas: 6,7
(6, 'JUAN', 25, '123456789', 'Profesor')
(7, 'JUAN', 25, '123456789', 'Profesor')
```

FUNCIÓN FETCH ONE ON PSYCOPG: INSERTAR UN SOLO REGISTRO

Python: Pulsa un click sobre el enlace, para descargar el archivo, con extensión del lenguaje python [.py]
https://drive.google.com/file/d/1_BppUDIKA6O5g5z5BpgESuhcLLggC530/view?usp=sharing

```
import psycopg2

# Estableciendo una conexión con la base de datos PostgreSQL
conn = psycopg2.connect(
    database="mi_base_datos",  # Nombre de la base de datos
    user="postgres",            # Usuario de la base de datos
    password="admin",           # Contraseña del usuario
    host="localhost",           # Dirección del servidor de la base de datos
    port="5432"                  # Puerto en el que se ejecuta el servidor de la base de
datos
)

try:
    # Creación de un objeto cursor para ejecutar sentencias SQL
    cursor = conn.cursor()

# Definición de la sentencia SQL para insertar un nuevo registro en la tabla 'usuario'
    sql = "INSERT INTO usuario (nombre, edad, telefono, puesto_de_trabajo)
     VALUES (%s, %s, %s, %s)"

    # Definición de los valores que se insertarán en la tabla 'usuario'
```

```
    valores = ('PEDRO', 25, 123456789, 'SUPERVISOR')

    # Ejecución de la sentencia SQL con los valores definidos
    cursor.execute(sql, valores)

    # Confirmación de los cambios en la base de datos
    conn.commit()

    # Obtención del número de registros insertados
    registros_insertados = cursor.rowcount
    print("Registros insertados:", registros_insertados)

except Exception as e:
    # Captura de cualquier excepción que ocurra durante la ejecución del bloque try
    print("Error:", e)

finally:
    # Cierre del cursor para liberar recursos
    cursor.close()

    # Cierre de la conexión con la base de datos
    conn.close()
```

Ejecutar tu script Python:

- Guarda el archivo.
- Abre una **terminal** y navega al directorio donde guardaste el archivo.
- Ejecuta el script con el siguiente comando:

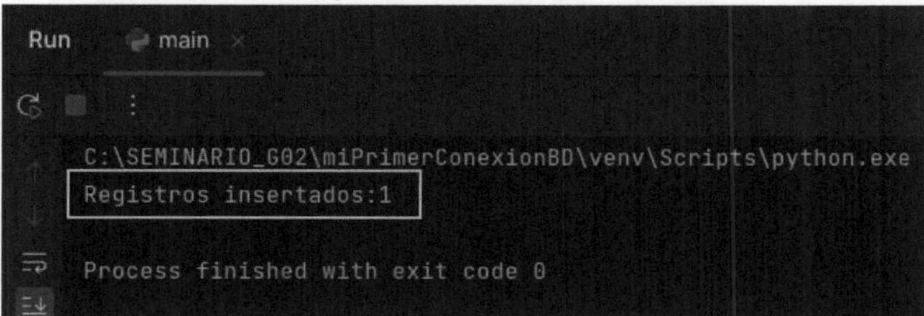

FUNCIÓN FETCH ONE ON PSYCOPG: INSERTAR MULTIPLES REGISTROS

Ejemplo de código en Python:

Python: Pulsa un click sobre el enlace, para descargar el archivo, con extensión del lenguaje python [.py]

https://drive.google.com/file/d/1fWgdAdnyeLmZzXYmA33hrGQa4-1G66z5/view?usp=sharing

```
import psycopg2

# Parámetros de conexión a la base de datos
conexion = psycopg2.connect(
    dbname="mi_base_datos",
    user="postgres",
    password="admin",
    host="localhost",
    port="5432",
)

# Definición de registros a insertar
registros = [
    ('MANUEL',22,12345,'ADMINISTRADOR'),
    ('ROBERTO',23,12345,'GERENTE'),
    ('LUCY',24,12345,'CONTADOR')
]

# Sentencia SQL de inserción
sql_insert = "INSERT INTO usuario (nombre, edad, telefono, puesto_de_trabajo) VALUES (%s, %s, %s, %s)"

try:
    # Crear un cursor para ejecutar operaciones SQL
    cursor = conexion.cursor()

    # Insertar múltiples registros en la base de datos
    cursor.executemany(sql_insert, registros)

    # Confirmar los cambios (realizar commit)
    conexion.commit()

    print("Registros insertados correctamente.")

    # Verificar los resultados
    cursor.execute("SELECT * FROM usuario")
    for row in cursor.fetchall():
        print(row)  # Imprimir cada registro recuperado
```

```
    # Recuperar un solo registro para verificar
    cursor.execute("SELECT * FROM usuario LIMIT 1")
    primer_registro = cursor.fetchone()
    print("Primer registro insertado:", primer_registro)

except psycopg2.Error as error:
    # Manejo de errores
    print("Error al insertar registros:", error)
    # Realizar rollback en caso de error
    conexion.rollback()

finally:
    # Cerrar el cursor y la conexión
    if cursor:
        cursor.close()
    conexion.close()
```

Ejecutar tu script Python:

- Guarda el archivo.
- Abre una **terminal** y navega al directorio donde guardaste el archivo.
- Ejecuta el script con el siguiente comando:

Python: Terminal

```
python conexion_insercionMultiplesRegistros.py
```

Este es un ejemplo básico de cómo utilizar la función `execute_many ( )` en Psycopg2 para insertar múltiples registros en una base de datos PostgreSQL desde Python. Asegúrate de adaptarlo según tus necesidades específicas y la estructura de tu base de datos.

FUNCIÓN FETCH ONE ON PSYCOPG: ACTUALIZAR UN REGISTRO

Este código en Python utiliza la biblioteca `psycopg2` para conectarse a una base de datos PostgreSQL, ejecutar una consulta SQL para actualizar un registro en una tabla llamada `usuario`, y luego mostrar el registro actualizado.

Aquí está el flujo del código:

1. Importa el módulo `psycopg2` para interactuar con la base de datos PostgreSQL.
2. Establece la conexión a la base de datos PostgreSQL utilizando los parámetros proporcionados: nombre de la base de datos, nombre de usuario, contraseña, host y puerto.
3. Crea un cursor que se utilizará para ejecutar comandos SQL en la base de datos.
4. Define la sentencia SQL para actualizar un registro en la tabla `usuario`. Esta sentencia actualiza el registro con un nuevo nombre, edad, teléfono, y puesto de trabajo, basándose en el `id` del usuario.
5. Define los nuevos valores que se utilizarán para actualizar el registro. En este caso, se establece un nuevo nombre ("LUCY"), edad (25), teléfono (345698), puesto de trabajo ("CONTADORA"), y se especifica el `id` del usuario que se va a actualizar (1).
6. Ejecuta la sentencia SQL utilizando el método `execute()` del cursor, pasando la sentencia SQL y los nuevos valores como argumentos.
7. Confirma los cambios realizados en la base de datos utilizando `conn.commit()`.
8. Verifica cuántos registros fueron actualizados con la propiedad `rowcount` del cursor y lo imprime.
9. Ejecuta una consulta SQL para seleccionar el registro actualizado basado en el nuevo nombre ("LUCY") utilizando el método `execute()` del cursor.
10. Utiliza `fetchone()` para obtener el primer registro que coincide con la consulta y lo imprime.
11. Cierra el cursor y la conexión a la base de datos usando los métodos `close()`.

Este código establece una conexión a una base de datos PostgreSQL, actualiza un registro en la tabla `usuario`, y luego imprime el número de registros actualizados y el registro actualizado.

.

Python: Pulsa un click sobre el enlace, para descargar el archivo, con extensión del lenguaje python **[.py]**

https://drive.google.com/file/d/1Ujw8TJYrOTyqJJI_B7I9k8zafwGxrflP/view?usp=sharing

```
import psycopg2

# Establece la conexión con la base de datos
conn = psycopg2.connect(
    dbname="mi_base_datos",
    user="postgres",
    password="admin",
    host="localhost",
    port="5432"
)


# Crea un cursor para ejecutar comandos SQL
cur = conn.cursor()

# Define la sentencia SQL para actualizar un registro en la tabla de
personas
sentencia = "UPDATE usuario SET nombre = %s, edad = %s, telefono =
%s, puesto_de_trabajo = %s WHERE id = %s"


# Define los nuevos valores para el registro que deseas actualizar
nuevos_valores = ("LUCY", 25, 345698, "CONTADORA", 1)

# Ejecuta la sentencia SQL con los nuevos valores
cur.execute(sentencia, nuevos_valores)

# Confirma los cambios en la base de datos
conn.commit()
```

```
# Verifica el número de registros actualizados
registros_actualizados = cur.rowcount
print("Registros actualizados:", registros_actualizados)

# Obtén y muestra el registro actualizado usando fetchone
cur.execute("SELECT * FROM usuario WHERE nombre = %s", ("LUCY",))
registro_actualizado = cur.fetchone()
print("Registro actualizado:", registro_actualizado)

# Cierra el cursor y la conexión a la base de datos
cur.close()
conn.close()
```

Ejecutar tu script Python:

- Guarda el archivo.
- Abre una **terminal** y navega al directorio donde guardaste el archivo.
- Ejecuta el script con el siguiente comando:

Python: Terminal

```
python conexion_insercionMultiplesRegistros.py
```

FUNCIÓN FETCH ONE ON PSYCOPG: ACTUALIZAR MULTIPLES REGISTROS

Este código en Python utiliza la biblioteca `psycopg2` para conectarse a una base de datos PostgreSQL y actualizar registros en una tabla llamada `usuario`.

Aquí hay una explicación paso a paso del código:

1. Se importa la biblioteca `psycopg2`, que permite la conexión a bases de datos PostgreSQL.
2. Se establece la conexión a la base de datos PostgreSQL especificando los parámetros de conexión como el nombre de la base de datos (`dbname`), el usuario (`user`), la contraseña (`password`), el host (`host`), y el puerto

(`port`). Estos parámetros se pasan a la función `psycopg2.connect()` para crear una conexión.

3. Se crea un objeto cursor utilizando el método `conexion.cursor()`. El cursor se utiliza para ejecutar operaciones SQL en la base de datos.
4. Se define una sentencia SQL de actualización (`UPDATE`) que actualiza los registros en la tabla `usuario`. La sentencia incluye marcadores de posición `%s` para los valores que serán proporcionados más tarde.
5. Se crea una lista de tuplas llamada `nuevos_valores`, donde cada tupla contiene los nuevos valores que se utilizarán para actualizar los registros en la tabla `usuario`. Cada tupla representa un conjunto de valores para un registro en particular.
6. Se utiliza un bucle `for` para iterar sobre la lista `nuevos_valores`. En cada iteración, se ejecuta la sentencia SQL de actualización utilizando el método `execute()` del cursor. Los valores de la tupla actual se pasan como argumentos al método `execute()`.
7. Después de ejecutar todas las actualizaciones, se confirman los cambios en la base de datos utilizando el método `conexion.commit()`. Esto asegura que los cambios se apliquen permanentemente.

8. Se obtiene el número de registros actualizados utilizando la propiedad `rowcount` del cursor.
9. Se imprime el número de registros actualizados.
10. Se cierra el cursor y la conexión utilizando los métodos `close()`.

Este código se conecta a una base de datos PostgreSQL, actualiza registros en una tabla específica y luego imprime el número de registros actualizados.

Python: Pulsa un click sobre el enlace, para descargar el archivo, con extensión del lenguaje python **[.py]**

https://drive.google.com/file/d/1LOnfc6kyYXhM2ug1HF3hgbwkGXY8u--Z/view?usp=sharing

```
import psycopg2

# Establecer la conexión con la base de datos
conexion = psycopg2.connect(
    dbname="mi_base_datos",
    user="postgres",
    password="admin",
    host="localhost",
    port="5432"
)

# Crear un cursor
cursor = conexion.cursor()

# Sentencia SQL de actualización
sentencia_sql = """
  UPDATE usuario
  SET nombre = %s, edad = %s, telefono = %s, puesto_de_trabajo = %s
  WHERE id = %s
"""


# Nuevos valores para los registros a actualizar
nuevos_valores = [
    ("MATEO", 28, 852147, "CHOFER", 1),
    ("FELIPE", 29, 852347, "VENDEDOR", 2),
    ("TERESA", 28, 852147, "RECEPCIONISTA", 3)
]

# Ejecutar la sentencia SQL de actualización para cada registro
for valores in nuevos_valores:
    cursor.execute(sentencia_sql, valores)

# Confirmar los cambios
conexion.commit()

# Obtener el número de registros actualizados
registros_actualizados = cursor.rowcount
print("Se han actualizado", registros_actualizados, "registros.")
```

```
# Cerrar cursor y conexión
cursor.close()
conexion.close()
```

Ejecutar tu script Python:

- Guarda el archivo.
- Abre una **terminal** y navega al directorio donde guardaste el archivo.
- Ejecuta el script con el siguiente comando:

Python: Terminal

```
python conexion_actualizarMultiplesRegistros.py
```

FUNCIÓN FETCH ONE ON PSYCOPG: ELIMINAR UN REGISTRO

Este código en Python realiza una operación de eliminación de registros en una base de datos PostgreSQL utilizando el módulo `psycopg2`, que es un conector de PostgreSQL para Python.

Aquí está la explicación del código paso a paso:

1. Se importa el módulo `psycopg2` para interactuar con la base de datos PostgreSQL.
2. Se establece la conexión a la base de datos PostgreSQL especificando el usuario, contraseña, host, puerto y nombre de la base de datos.
3. Se crea un objeto cursor utilizando el método `cursor()` de la conexión. El cursor es utilizado para ejecutar comandos SQL en la base de datos.
4. Se define la sentencia SQL para eliminar un registro de la tabla "usuario" utilizando un parámetro de marcador de posición `%s` para el ID del usuario a eliminar.
5. Se solicita al usuario que proporcione el ID de la persona que desea eliminar.

6. Se ejecuta la sentencia SQL utilizando el método `execute()` del cursor. El ID proporcionado por el usuario se pasa como un parámetro a la sentencia SQL utilizando una tupla `(id_persona,)`.
7. Se verifica si se eliminó correctamente el registro verificando el atributo `rowcount` del cursor. Si `rowcount` es mayor que 0, significa que al menos un registro fue eliminado con éxito.
8. Se imprime un mensaje indicando si el registro se eliminó correctamente o no.
9. Se confirma la eliminación de los registros utilizando el método `commit()` de la conexión. Esta operación confirma todas las transacciones pendientes en la base de datos.

10. Se cierra el cursor y la conexión utilizando los métodos `close()` para liberar los recursos y cerrar la conexión con la base de datos.

Este script en Python interactúa con una base de datos PostgreSQL para eliminar un registro de una tabla específica, solicitando al usuario el ID del registro a eliminar. Luego, informa al usuario si la eliminación se realizó correctamente o no. Finalmente, confirma la eliminación y cierra la conexión con la base de datos.

Python: Pulsa un click sobre el enlace, para descargar el archivo, con extensión del lenguaje python **[.py]**

https://drive.google.com/file/d/1ugSSoMj4AsBeZRybNpLbubZpiXP8HPoG/view?usp=sharing

```
import psycopg2

# Establecer conexión
connection = psycopg2.connect(
     user="postgres",
     password="admin",
     host="localhost",
```

```
        port="5432",
        database="mi_base_datos")

cursor = connection.cursor()

# Definir la sentencia SQL
consulta_sql = "DELETE FROM usuario WHERE id = %s;"

# Solicitar ID de la persona a eliminar
id_persona = input("Proporciona el ID de la persona a eliminar: ")

# Ejecutar la sentencia SQL
cursor.execute(consulta_sql, (id_persona,))



# Verificar si se eliminó correctamente
if cursor.rowcount > 0:
    print("El registro se ha eliminado correctamente.")
else:
    print("No se ha eliminado ningún registro. Verifica el ID
proporcionado.")

# Confirmar la eliminación
connection.commit()

# Cerrar la conexión
cursor.close()
connection.close()
```

Ejecutar tu script Python:

- Guarda el archivo.
- Abre una **terminal** y navega al directorio donde guardaste el archivo.
- Ejecuta el script con el siguiente comando:

Python: Terminal

```
python conexion_eliminarRegistro.py
```

FUNCIÓN FETCH ONE ON PSYCOPG: ELIMINAR MULTIPLES REGISTROS

Este código en Python se conecta a una base de datos PostgreSQL utilizando el módulo psycopg2, y ejecuta una consulta para eliminar registros de una tabla llamada "usuario".

Aquí está una explicación paso a paso del código:

1. Importa el módulo psycopg2, que proporciona las herramientas necesarias para conectarse y manipular una base de datos PostgreSQL desde Python.
2. Establece la conexión a la base de datos PostgreSQL especificada, utilizando los parámetros proporcionados como la base de datos, el usuario, la contraseña, el host y el puerto.
3. Crea un cursor, que es un objeto que permite ejecutar comandos SQL en la base de datos y procesar los resultados.
4. Define la sentencia SQL que se va a ejecutar para eliminar registros de la tabla "usuario". En este caso, la sentencia DELETE elimina registros de la tabla donde el valor de la columna "id" está en una lista de valores proporcionados.
5. Solicita al usuario que ingrese las claves primarias de los registros que desea eliminar. El usuario debe ingresar las claves primarias separadas por comas dentro de corchetes, por ejemplo: [1, 2, 3].
6. Convierte la entrada del usuario en una tupla, dividiendo la cadena ingresada por comas y convirtiéndola en una tupla de valores.
7. Ejecuta la consulta SQL utilizando el método execute del cursor. La consulta SQL se ejecuta con los valores proporcionados en la tupla id_eliminar, que contiene las claves primarias de los registros que se eliminarán.
8. Confirma la eliminación de los registros llamando al método commit en la conexión. Esto asegura que los cambios realizados en la base de datos sean permanentes.
9. Cierra el cursor y la conexión para liberar los recursos de la base de datos.

Este código se conecta a una base de datos PostgreSQL, solicita al usuario que ingrese las claves primarias de los registros que desea eliminar de una tabla llamada "usuario", ejecuta una consulta SQL para eliminar esos registros y luego confirma los cambios en la base de datos.

Python: Pulsa un click sobre el enlace, para descargar el archivo, con extensión del lenguaje python [**.py**]

https://drive.google.com/file/d/1xRC9s1iG1H1OBm9O3AqvWY70QxBSRUf1/view?usp=sharing

```
import psycopg2

# Establecer la conexión con la base de datos
conn = psycopg2.connect(
    database="mi_base_datos",
    user="postgres",
    password="admin",
    host="localhost",
    port="5432"
)

# Crear un cursor
cur = conn.cursor()

# Sentencia SQL para eliminar varios registros
sql = "DELETE FROM usuario WHERE id IN %s"

# Obtener la entrada del usuario
entrada_usuario = input("Ingrese las claves primarias de los registros a eliminar separadas por coma: ")

# Separar la entrada por comas y convertirla en una tupla
ids_a_eliminar = tuple(entrada_usuario.split(','))


# Ejecutar la consulta SQL
cur.execute(sql, (ids_a_eliminar,))
```

```
# Confirmar la transacción
conn.commit()

# Cerrar el cursor y la conexión
cur.close()
conn.close()
```

Ejecutar tu script Python:

- Guarda el archivo.
- Abre una **terminal** y navega al directorio donde guardaste el archivo.
- Ejecuta el script con el siguiente comando:

Python: Terminal

```
python conexion_eliminarMultiplesRegistros.py
```

DJANGO- FRAMEWORK WEB DE PYTHON

Instalación de DJango en Python:

1. Abre el Editor de **PyCharm**:
   - Abre tu editor de código favorito (puede ser VS Code, **PyCharm**, etc.).

2. Crea un nuevo proyecto en Django:
   - Haz clic en "`New Project`" para crear un **nuevo proyecto Django**.

3. Selecciona la **ruta** y **nombre** del proyecto:
   - Establece la ruta del proyecto, preferiblemente cerca de la unidad **C**, usando barras diagonales invertidas.
   - Nombra tu proyecto como "`personas`".

4. Ambiente Virtual:

- Django automáticamente creará un ambiente virtual para tu proyecto. Este ambiente es como una caja separada para instalar las dependencias de tu proyecto.

5. Configuración del Ambiente Virtual (Opcional):
   - Verifica que el ambiente virtual se haya creado en la carpeta "**Virtual Environment**" dentro de tu proyecto.

6. Instala Django:
   - **Abre la terminal** en tu editor y verifica que estás en el ambiente virtual (verás los paréntesis en la terminal).
   - Instala Django usando el comando:
     `python -m pip install django`.

7. Configuración de Windows Defender (Opcional):
   - Si recibes un mensaje sobre Windows Defender, sigue las instrucciones para configurarlo automáticamente.

8. Desactiva Antivirus o Firewall (Si es necesario):
   - Si encuentras problemas para descargar librerías, desactiva temporalmente tu antivirus o firewall.

9. Revisa la Instalación de Django:
   - Verifica que Django se haya instalado correctamente usando el comando: `python -m django version`.

10. Configuración del Editor (Opcional):
    - Ajusta la fuente en tu editor para mejorar la visibilidad del código.

NOTA: estas instrucciones asumen que ya tienes **Python** instalado en tu sistema.

PRIMER PROYECTO: Django

1. **Preparación inicial:**
   - Asegúrate de tener **Django** instalado en tu entorno de desarrollo. Puedes instalarlo con **pip** si no lo tienes aún:
     `python -m pip install django`.

2. **Creación del proyecto:**
   - Abre tu terminal y navega hasta el directorio donde quieras crear tu proyecto Django.
   - Ejecuta el siguiente comando para crear un nuevo proyecto de Django:
     `django-admin startproject` **<nombre_del_proyecto>**`.
   - Por **ejemplo**, si quieres llamar a tu proyecto "Sistema de Administración de Personas", puedes ejecutar:
     `django-admin startproject SAP`.

3. **Exploración de la estructura del proyecto:**
   - Una vez que el proyecto se haya creado, verás una nueva carpeta con el nombre que proporcionaste. Dentro de esta carpeta, encontrarás un archivo `manage.py` y otra carpeta con el mismo nombre que el proyecto.
   - La carpeta del proyecto contiene archivos y subdirectorios importantes para tu aplicación Django. Entre ellos, `**settings.py**`, `**urls.py**`, y otros.

4. **Ejecución del servidor de desarrollo:**
   - Navega a la carpeta del proyecto utilizando el comando:
     `cd` **<nombre_del_proyecto>**`.
   - Una vez dentro de la carpeta del proyecto, ejecuta el siguiente comando para iniciar el servidor de desarrollo:
     `python manage.py runserver`.
   - Esto iniciará el servidor en tu máquina local en la dirección **`127.0.0.1:8000` (localhost: 8000).**

5. Verificación de la aplicación en el navegador:
   - Abre tu navegador web y navega a la dirección **`http://127.0.0.1:8000/` o `http://localhost:8000/`.**
   - Deberías ver la página de inicio de Django, lo que indica que tu servidor de desarrollo está funcionando correctamente.

6. Detener el servidor de desarrollo:
   - Para detener el servidor, ve a la terminal donde está ejecutándose y presiona **`Ctrl + C`.**

CREACIÓN DE APLICACIONES: (APP) DJANGO

1. Crear una nueva **app** en Django:
   - Abre la terminal y navega hasta el directorio raíz de tu proyecto Django.
   - Ejecuta el siguiente comando para crear una nueva app llamada "**webapp**":

Python: TERMINAL

```
python manage.py startapp webapp
```

2. Registrar la **nueva app** en la configuración de Django:
   - Abre el archivo **`settings.py`** en la carpeta de tu proyecto.
   - Encuentra la lista **`INSTALLED_APPS`** y agrega **`'webapp',`** al final de la lista.

Python:

```
INSTALLED_APPS = [
    ...
    'webapp',
]
```

3. Definir una vista para manejar la página de bienvenida:
   - Abre el archivo **`views.py`** dentro de la carpeta de la app **"webapp".**

- **Define una función** de vista llamada "**bienvenido**" que recibe un parámetro `` `request` ``.

Python:

```
from django.http import HttpResponse #Importar

def bienvenido(request):
    return HttpResponse("¡Hola Mundo!")
```

4. Configurar una URL para la vista de bienvenida:
   - Abre el archivo `` `urls.py` `` dentro de la carpeta de la app **"webapp".**
   - **Importa** la **función** de vista que acabas de definir y la clase **`urlpatterns`**.
   - Agrega una URL para la vista de bienvenida.

Python:

```
#Realizar las importaciones
from django.urls import path
from SAP.webapp.views import bienvenido

urlpatterns = [
      path('admin/', admin.site.urls),
      path('bienvenido/', bienvenido, name='bienvenido'),
]
```

5. Comprobar el funcionamiento de la vista:
   - Ejecuta el servidor de desarrollo de Django.

Python: Terminal

```
python manage.py runserver
```

Notaras que **se ha generado un error**, y esto se debe a que no encuentra el Modulo

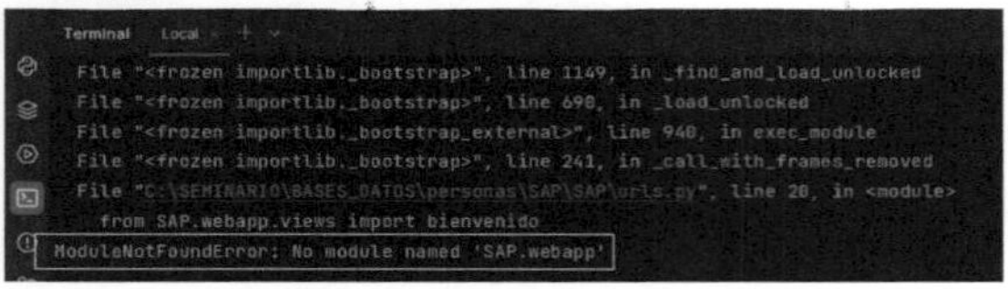

```
Terminal   Local
  File "<frozen importlib._bootstrap>", line 1149, in _find_and_load_unlocked
  File "<frozen importlib._bootstrap>", line 698, in _load_unlocked
  File "<frozen importlib._bootstrap_external>", line 940, in exec_module
  File "<frozen importlib._bootstrap>", line 241, in _call_with_frames_removed
  File "C:\SEMINARIO\BASES_DATOS\personas\SAP\SAP\urls.py", line 20, in <module>
    from SAP.webapp.views import bienvenido
ModuleNotFoundError: No module named 'SAP.webapp'
```

ESTABLECER DIRECTORIO RAIZ

1. Abre **PyCharm** y carga el proyecto "**SAP**".
2. En la estructura de directorios, ubica el directorio superior del proyecto y haz clic derecho sobre él.
3. En el menú contextual, selecciona la opción "`Mark Directory as`" y luego elige "`Sources Root`". Esto establecerá la carpeta raíz del proyecto.
4. Revisa si hay alguna importación que deba ser removida. Si encuentras alguna, procede a **eliminarla**.

Python:

```python
from django.urls import path
from SAP.webapp.views import bienvenido

urlpatterns = [
    path('admin/', admin.site.urls),
    path('bienvenido/',bienvenido, name='bienvenido')
]
```

5. Luego, realiza la importación necesaria nuevamente. Verifica que esta importación se haga directamente desde la carpeta de `webApp`, ya que ahora la carpeta del proyecto se ha establecido como base del proyecto.

Python:

```python
from django.urls import path
from webapp.views import bienvenido

urlpatterns = [
    path('admin/', admin.site.urls),
    path('bienvenido/',bienvenido, name='bienvenido')
]
```

6. Dirígete al servidor local de tu proyecto **Django**. **Si recibes un error** debido a que no has especificado el **path** al cual deseas acceder.

Python:

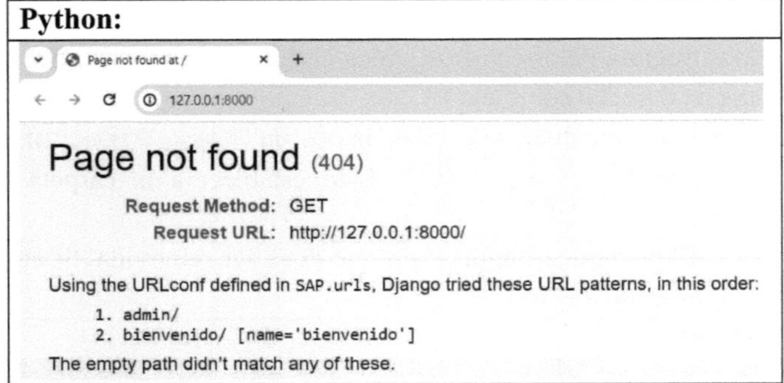

7. sigue los siguientes pasos:
8. Coloca el path en la **URL** del **localhost**. Esto se hace para que al llamar desde el navegador, puedas observar el retorno de la cadena.

Python:

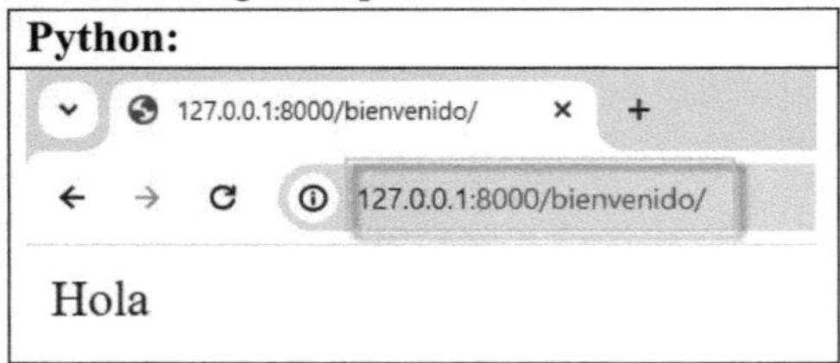

9. Si deseas que la cadena se retorne automáticamente, simplemente **deja vacío el path** en la URL del localhost.

Python:

```
from django.urls import path
from webapp.views import bienvenido

urlpatterns = [
    path('admin/', admin.site.urls),
    path('', bienvenido, name='bienvenido')
]
```

10. Una vez que hayas dejado vacío el path, dirígete nuevamente al servidor local. Verás que ya no es necesario especificar el path y podrás observar el retorno de la cadena automáticamente.

Python:

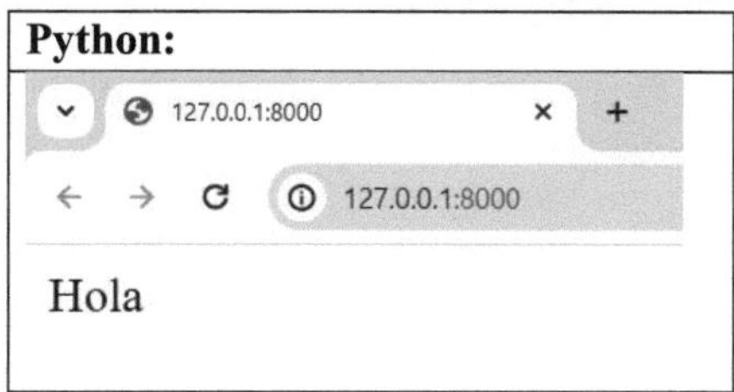

CREAR METODO

1. Crear una función de despedida en Django:
   - Abre tu proyecto Django.
   - Dirígete al archivo `views.py` dentro de la aplicación de **webapp**.
   - Define la función `**despedirse**` que acepte un argumento de solicitud (`**request**`).
   - Dentro de la función, devuelve una respuesta **HTTP** con el mensaje deseado, por ejemplo, "despedida desde mi primer sitio web!".
   - Guarda los cambios.

Python:

```
from django.http import HttpResponse

def despedirse(request):
    return HttpResponse("Despedida desde mi primer sitio web")
```

2. Agregar la ruta en el archivo de **URL's**:
   - Dirígete al archivo `urls.py` de la misma aplicación.
   - Agrega un nuevo path para la función `**despedirse**`.
   - Asegúrate de que la URL coincida con la que deseas utilizar, por ejemplo, "**despedida/".**

- Asocia la vista `**despedirse**` a esta ruta.

Python:

```
from django.urls import path

#Realizar la importación
from .views import despedirse
urlpatterns = [
    # Otras rutas...
    path('despedida/', despedirse, name='despedida'),
]
```

3. Verificar la funcionalidad:
   - Guarda todos los cambios realizados.
   - Ejecuta tu servidor Django.
   - Accede a la URL correspondiente a la función de despedida (por ejemplo, `**http://localhost:8000/despedida/**`) en tu navegador.

Python: Terminal

```
python manage.py runserver
```

4. Prueba de funcionalidad:
   - Deberías ver el mensaje "Despedida desde mi primer sitio web" en tu navegador si todo está configurado correctamente.

Python:

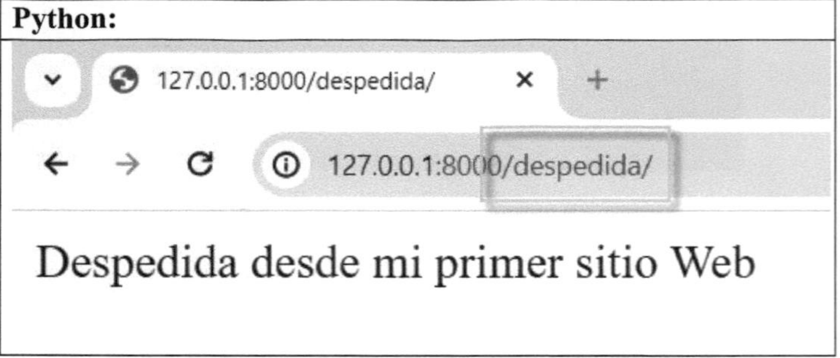

EJERCICIO: CREACIÓN DE VISTA

- Como ejercicio adicional, se te pide que agregues una función llamada `**contacto**` que muestre un **teléfono** y un **correo electrónico** para contacto.
- Repite los pasos anteriores para definir la función `contacto` en `**views.py**` y asociarla a una nueva ruta en `**urls.py**`.
- Utiliza el path correspondiente en el navegador para acceder a la función de contacto y verifica su funcionalidad.

1. Abre el archivo `views.py` en tu aplicación Django.
2. Define la función `**contacto**` que mostrará el teléfono y el correo electrónico de contacto.

Python:

```
#Realizar la importación
from django.shortcuts import render

def contacto(request):
    telefono = "123-456-7890"
    correo = "contacto@example.com"
    return render(request, 'contacto.html', {'telefono':
    telefono, 'correo': correo})
```

3. Ahora necesitamos asociar esta función a una nueva ruta en `urls.py`. Abre el archivo `urls.py` de tu aplicación.
4. Importa la función `contacto` desde `views.py`. Asegúrate de tener la siguiente línea al principio del archivo:

Python:

```
#Realizar la importación
from .views import contacto
```

5. Agrega una nueva ruta en el archivo `urls.py` para la función `**contacto**`. Esto se verá así:

Python:

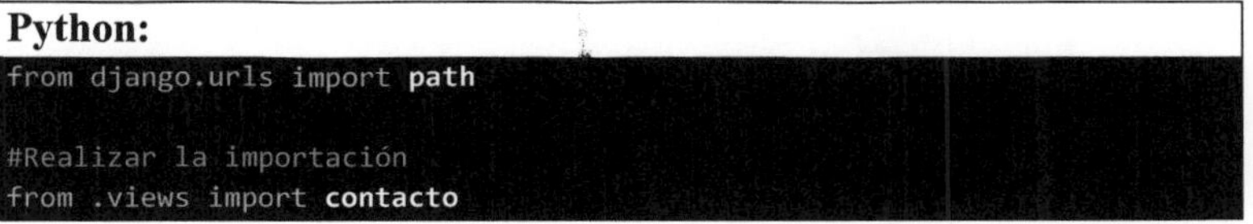

```
from django.urls import path

#Realizar la importación
from .views import contacto
```

```
urlpatterns = [
    # Otras rutas aquí...
    path('contacto/', contacto, name='contacto'),
]
```

6. Creación del Directorio "**templates**":
   - Abre la carpeta de la aplicación web en la que estás trabajando, por ejemplo, "**webApp**".
   - Haz clic con el botón derecho del ratón dentro de esta carpeta.
   - Selecciona la opción "**New/Directory**" para crear un nuevo directorio.
   - Nombre este directorio como "**templates**".

7. Creación del Archivo HTML:
   - Dentro del directorio "**templates**", haz clic derecho y selecciona "**New/HTML File**".
   - En el cuadro de diálogo, ingresa el nombre del archivo como "**contacto.html**" con la extensión HTML. Este nombre debe coincidir con el especificado en la vista.
   - Abre el archivo HTML recién creado.

Python:

```
<!DOCTYPE html>
<html lang="en">
<head>
    <meta charset="UTF-8">
    <title>Datos del contacto</title>
</head>
<body>

    <h1>DATOS DEL CONTACTO</h1>

    <p>TELEFONO: {{telefono}}</p>
    <p>CORREO ELECTRONICO: {{correo}}</p>

</body>
</html>
```

8. Ahora, cuando accedas a la URL `**http://localhost:8000/contacto/**` (o la URL correspondiente de tu aplicación), Django llamará a la función `**contacto**` y mostrará el teléfono y correo electrónico de contacto.
9. Verifica la funcionalidad accediendo a través del navegador. Abre tu navegador web y navega a la URL `http://localhost:8000/**contacto/**`. Deberías ver el teléfono y el correo electrónico de contacto en la página.

Python:

Con estos pasos, has creado una función `**contacto**` en Django que muestra información de contacto y has verificado su funcionalidad accediendo a través del navegador.

CLASES DE MODELO & MIGRACIÓNES EN DJANGO

Para desarrollar la actividad de configuración de la base de datos y el acceso a la misma desde una aplicación Django utilizando PostgreSQL, así como la creación de modelos, podemos seguir los siguientes pasos:

Configuración de la Base de Datos PostgreSQL en Django:

1. Crear la base de datos en el sistema gestor de bases de datos **pgAdmin**, la cual identificaremos como "**SAP**"
2. Instalar Django si no lo tienes instalado aún en tu entorno virtual:

Python:

```
pip install django
```

3. Configurar la base de datos en `settings.py`:

Python:

```
# settings.py

DATABASES = {
    'default': {
        'ENGINE':
'django.db.backends.postgresql_psycopg2',
        'NAME': 'SAP',  # Nombre de la base de datos
        'USER': 'postgres',  # Usuario de PostgreSQL
        'PASSWORD': 'admin',    # Contraseña de
PostgreSQL
        'HOST': 'localhost',  # Host de la base de
datos
        'PORT': '5432',  # Puerto de PostgreSQL
    }
}
```

4. Instalar el conector **psycopg2** para la conexión a PostgreSQL:

Python: Terminal

```
pip install psycopg2
```

CREACIÓN DE MODELOS EN DJANGO:

1. Crear una nueva aplicación si no tienes una ya creada:

Python: Terminal

```
python manage.py startapp personas
```

2. **Registrar** la nueva **app** en la configuración de Django:

- Abre el archivo `settings.py` en la carpeta de tu proyecto.
- Encuentra la lista `INSTALLED_APPS` y agrega `'webapp',` al final de la lista.

Python:

```
INSTALLED_APPS = [
    ...
    'personas',
]
```

3. Definir modelos en `models.py` dentro de la aplicación **personas**:

Python:

```
# personas/models.py

from django.db import models

class Persona(models.Model):
    nombre = models.CharField(max_length=100)
    apellidoPaterno = models.CharField(max_length=255)
    apellidoMaterno = models.CharField(max_length=255)
    centroTrabajo = models.CharField(max_length=255)
    edad = models.IntegerField()
    correo = models.EmailField()
```

4. Realizar migraciones para crear las tablas en la base de datos:

Python: Terminal

```
python manage.py makemigrations

python manage.py sqlmigrate personas 0001

python manage.py migrate
```

Nos dirigiremos hacia el sistema gestor de base de datos y podremos observar, que se ha creado la tabla y los campos que hemos establecido en la clase de modelo

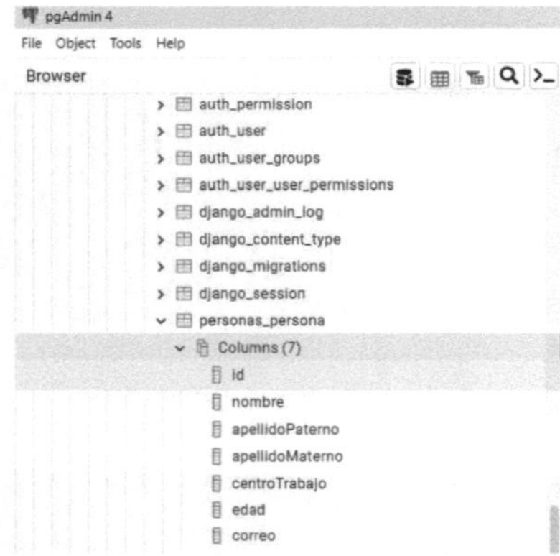

INTERFACE DE ADMINISTRACIÓN

1. Creación de un super usuario:
   - Abre la terminal.
   - Ejecuta el siguiente comando:

Python:

```
python manage.py createsuperuser
```

   - Ingresa los valores solicitados: nombre de usuario, contraseña y correo electrónico.

Python:

```
Username (leave blank to use 'admin'): admin
Email address: admin@example.com
Password:
Password (again):

Superuser created successfully.
```

2. Inicialización del servidor:
   - Ejecuta el siguiente comando para iniciar el servidor de desarrollo:

Python:

```
python manage.py runserver
```

3. Acceso a la interfaz de administración:
   - Abre un navegador web.
   - Dirígete a `**http://localhost:8000/admin**` para acceder a la interfaz de administración.
   - Ingresa las credenciales del super usuario creado.

Python:

```
Username: admin
Password: admin
```

3. Registro de la clase de modelo en `admin.py`:
   - Ubica y abre el archivo `admin.py` dentro de la **app** correspondiente (en este caso, `**personas**`).
   - Registra la clase de modelo (`**Persona**`) importándola y utilizando `admin.site.register()`.

Python:

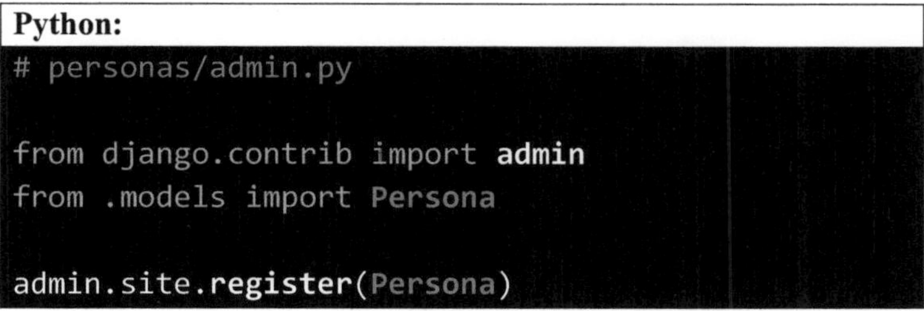

```
# personas/admin.py

from django.contrib import admin
from .models import Persona

admin.site.register(Persona)
```

5. Visualización de la clase de modelo en la interfaz de administración:
   - Refresca la página de la interfaz de administración.
   - Deberías poder ver la sección "**Personas**" y acceder a ella para agregar objetos de tipo "**Persona**".

Python:

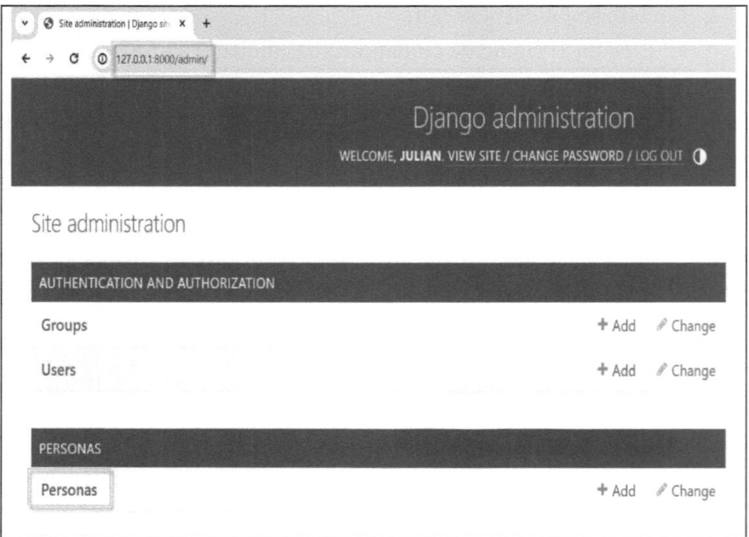

CLASES DE MODELO: CONSOLA ADMON

Pulsar un click sobre el enlace para poder visualizar la documentación, sobre las clases de modelo: https://docs.djangoproject.com/en/3.0/topics/db/models/

1. Inicialización del servidor Django:
   - Para inicializar el servidor Django, asegúrate de tener Django instalado y luego ejecuta el siguiente comando en tu terminal dentro del directorio de tu proyecto Django:

Python:

```
python manage.py runserver
```

2. Acceder al Administrador:
   - Dirígete a tu navegador web y accede al administrador de Django utilizando las credenciales proporcionadas.

3. Observar los **grupos** y la **Clase de Modelo**:
    - Una vez en el administrador, podrás observar dos grupos: uno para la **autenticación** y **autorización**, y otro para los **grupos**. También podrás ver la Clase de Modelo llamada "**`Personas`**".

4. Agregar un objeto de tipo Clase Persona:
    - Haz clic en "**Personas**" y podrás agregar un objeto de tipo Clase Persona.
    - Completa los campos requeridos para el objeto, excepto el ID, ya que este se generará automáticamente.
    - Ejemplo de modelo Persona en `` `models.py` ``:

Python:

```
class Persona(models.Model):
    nombre = models.CharField(max_length=100)
    apellidoPaterno = models.CharField(max_length=255)
    apellidoMaterno = models.CharField(max_length=255)
    centroTrabajo = models.CharField(max_length=255)
    edad = models.IntegerField()
    correo = models.EmailField()
```

4. Guardar el objeto Persona:
    - Una vez completados los valores, haz clic en el botón "**Guardar**".

5. Comprobación en **PgAdmin**:
    - Dirígete a **PgAdmin** y **autentícate**.
    - **Selecciona** la base de datos correspondiente.
    - Ve a **Tools > Query Tools** para abrir el **Editor de Consultas**.
    - **Ejecuta** la consulta **SQL: `` `SELECT  FROM personas` ``.**
    - Verás todos los registros de la tabla "**personas**".

6. Agregar más registros:
    - Agrega un total de 4 registros más para tener un total de 5 registros en la tabla.

7. Personalización con el método `__str__`:

- En el archivo `models.py` de la app "**personas**", define el método `__str__` en la clase **Persona** para personalizar cómo se muestra la información en el administrador.

Python:

```
# Create your models here.

class Persona(models.Model):
    nombre = models.CharField(max_length=100)
    apellidoPaterno = models.CharField(max_length=255)
    apellidoMaterno = models.CharField(max_length=255)
    centroTrabajo = models.CharField(max_length=255)
    edad = models.IntegerField()
    correo = models.EmailField()

    #Método str
    def __str__(self):
      return f"{self.nombre}, {self.apellidoPaterno},
      {self. ApellidoMaterno}" \
    f"{self.centroTrabajo}, {self.edad}, {self.correo}"
```

9. Actualizar el navegador:

- Refresca el navegador para ver los cambios aplicados en el administrador.
- Observa cómo la información se muestra de acuerdo con el método `__str__` personalizado.

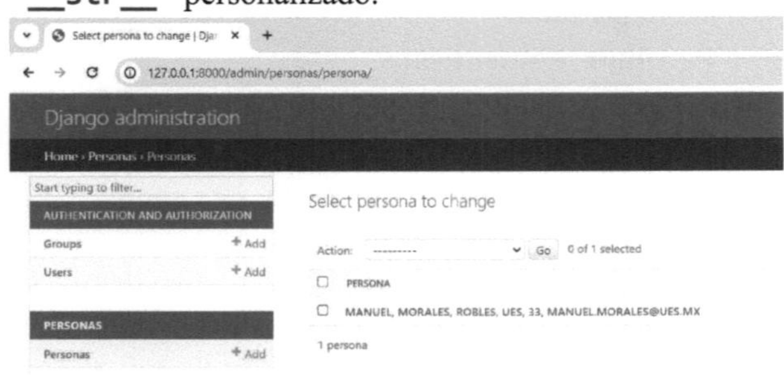

CREAR NUEVAS CLASES DE MODELO

1. **Crear nuevas clases de modelo:**
   - Abre el archivo `` `models.py` `` ubicado en el directorio `` `personas` `` de tu proyecto **Django**.
   - Define una nueva clase llamada `` `Domicilio` `` que extiende desde `` `models.Model` ``.
   - Dentro de la clase `` `Domicilio` ``, define los atributos necesarios asignándoles los tipos de datos correspondientes.

Python:

```python
# models.py

from django.db import models

class Domicilio(models.Model):
    # Atributos de la clase Domicilio
    calle = models.CharField(max_length=100)
    numero = models.IntegerField()
    # Agrega más atributos según sea necesario
```

2. **Agregar Foreign Key:**
   - En la clase `` `Persona` `` ubicada en el mismo archivo `` `models.py` ``, agrega un atributo llamado **`domicilio`** que será una llave foránea a la clase `` `Domicilio` ``.
   - Utiliza `` `models.ForeignKey()` `` para definir la relación y especifica la clase con la que se relaciona.
   - Configura el comportamiento de la llave foránea usando los parámetros `` `on_delete` `` y `` `null=True` ``.

Python:

```python
# models.py

class Persona(models.Model):
    # Atributos de la clase Persona
    nombre = models.CharField(max_length=50)
    edad = models.IntegerField()

    # Atributo de llave foránea
```

```
    domicilio = models.ForeignKey(Domicilio,
                on_delete=models.SET_NULL, null=True)
```

3. **Método `__str__` en la clase `Domicilio`:**
   - Dentro de la clase `Domicilio`, agrega el método `__str__` para formatear la representación de la instancia como una cadena.

Python:

```python
# models.py

class Domicilio(models.Model):
    # Atributos de la clase Domicilio
    calle = models.CharField(max_length=100)
    numero = models.IntegerField()
    # Agrega más atributos según sea necesario

    def __str__(self):
        return f'{self.calle} {self.numero}'
```

4. **Realizar migraciones:**
   - Detén el servidor Django con `CTRL + S`.
   - Abre la terminal y posiciona en el directorio de tu proyecto.
   - Ejecuta el comando `python manage.py makemigrations` para generar los archivos de migración.
   - Luego, ejecuta `python manage.py migrate` para aplicar las migraciones.

Python: Terminal

```
python manage.py makemigrations

python manage.py sqlmigrate personas 0002

python manage.py migrate
```

REGISTRAR LA CLASE DE MODELO

1. Abre el archivo `admin.py` ubicado dentro de la aplicación de personas en tu proyecto de Django.

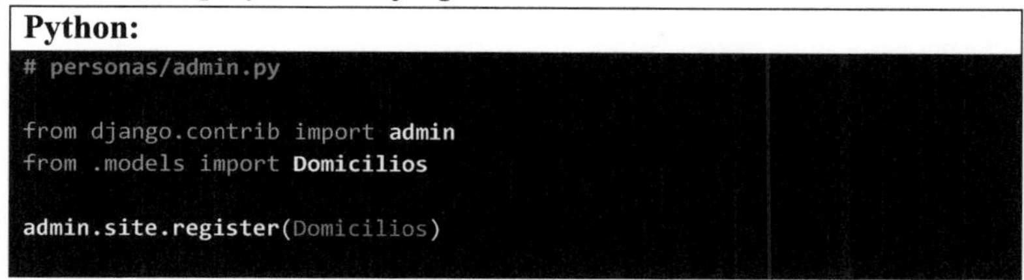

Python:

```
# personas/admin.py

from django.contrib import admin
from .models import Domicilios

admin.site.register(Domicilios)
```

2. Guarda los cambios en el archivo `admin.py` con la combinación de teclas **CTRL + S**.
3. Inicia el servidor local ejecutando el siguiente comando en la terminal dentro de tu proyecto de Django:

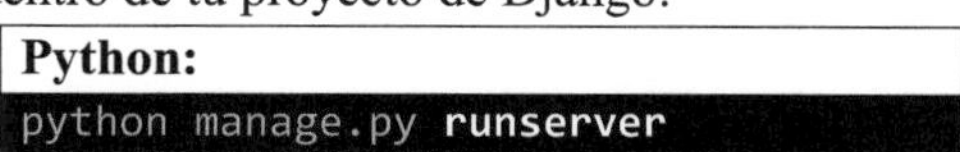

Python:

```
python manage.py runserver
```

4. Para comprobar los cambios, abre la **consola de administración** en tu navegador web e inicia sesión si es necesario. Luego, verifica que se muestra la clase **"Domicilios"**.

5. También puedes abrir **PgAdmin** para verificar la creación de la nueva tabla. Verifica las **propiedades** de la tabla `personas_domicilio`.

6. En la ventana de **propiedades** de la tabla `personas_domicilio`, navega hasta la ficha de columnas para observar los campos especificados según los tipos de datos indicados.

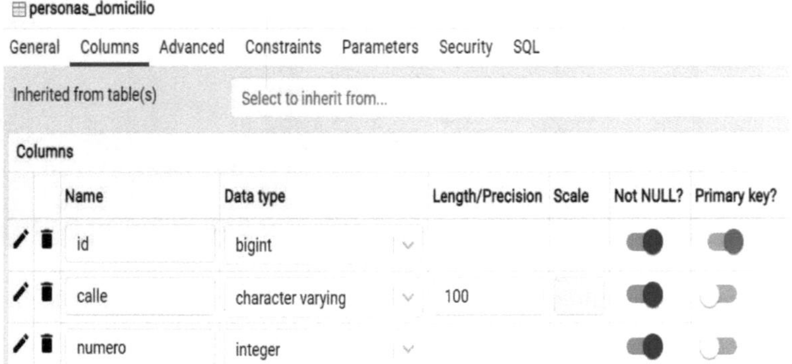

7. Para verificar el campo creado para establecer la llave foránea, ingresa a las propiedades de la tabla `personas` en **PgAdmin** y observa el nuevo campo creado debido a la relación de la llave foránea.

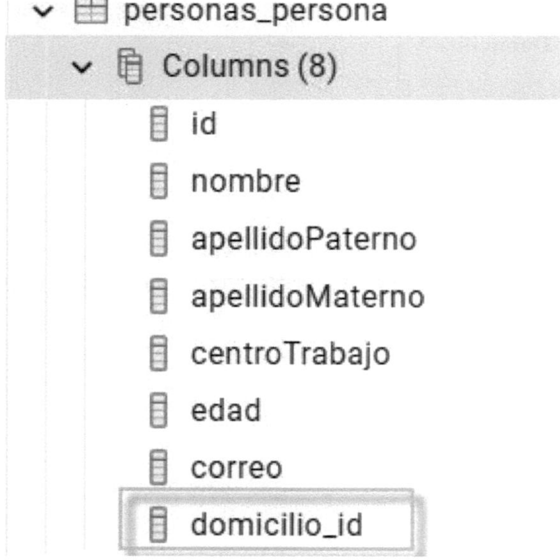

8. Además, dirígete a la ruta **Constraint/Foreing Key** en **PgAdmin** para observar la creación de la llave primaria.

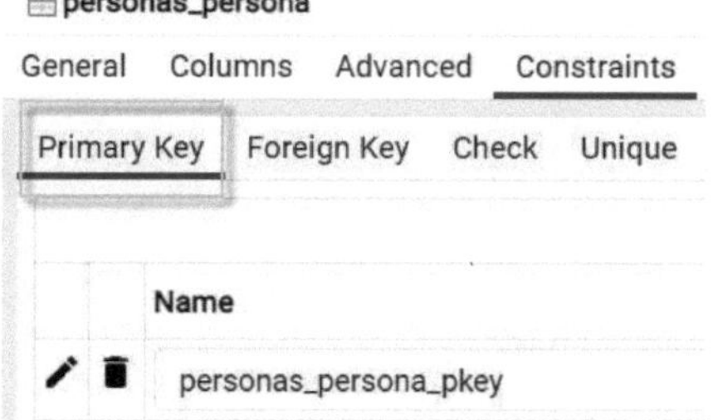

PRUEBA DE DATOS

1. **Agregar** registros de **Domicilio** desde el panel de administración:
   - Accede al panel de administración y agrega registros de domicilio.

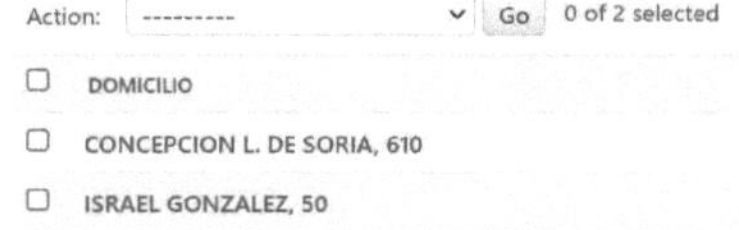

2. **Crear** una **Persona** desde el panel de administración:
   - Accede al panel de administración y crea una nueva Persona. Completa los campos requeridos y selecciona un Domicilio existente.

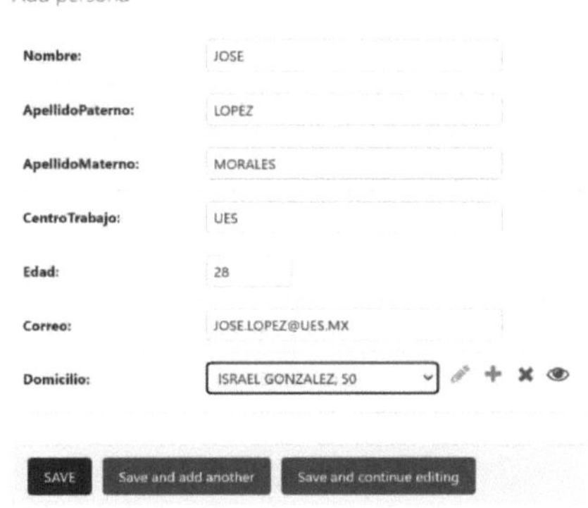

3. **Comprobar** la integridad referencial:
   - **Intenta cambiar el ID** del Domicilio asociado a una Persona desde el **panel de administración** de PgAdmin.

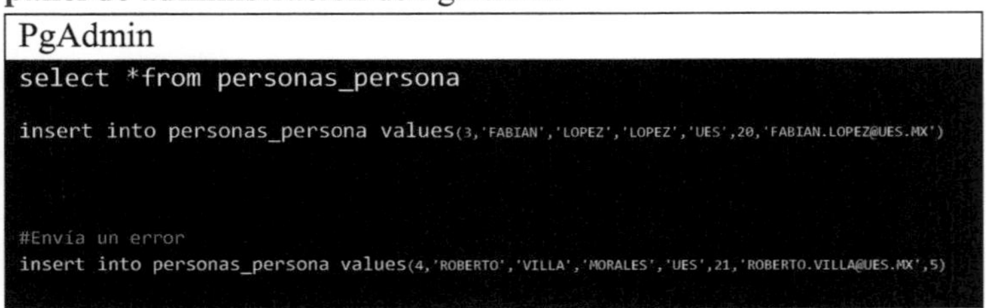

PgAdmin

```
select *from personas_persona

insert into personas_persona values(3,'FABIAN','LOPEZ','LOPEZ','UES',20,'FABIAN.LOPEZ@UES.MX')


#Envía un error
insert into personas_persona values(4,'ROBERTO','VILLA','MORALES','UES',21,'ROBERTO.VILLA@UES.MX',5)
```

   - Deberías recibir un mensaje de error indicando que la violación de la clave foránea ha ocurrido.

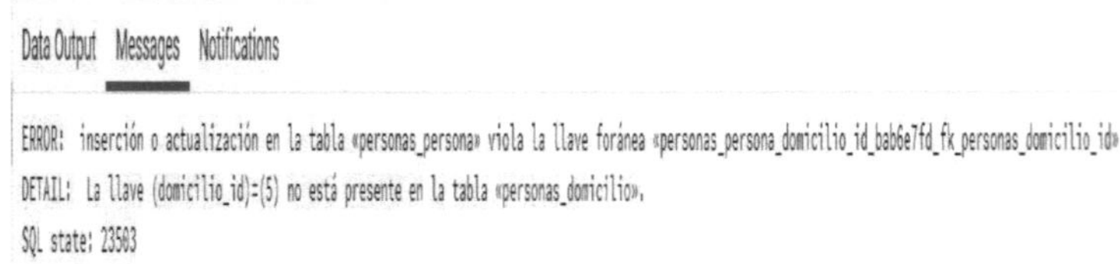

Data Output Messages Notifications

```
ERROR: inserción o actualización en la tabla «personas_persona» viola la llave foránea «personas_persona_domicilio_id_bab6e7fd_fk_personas_domicilio_id»
DETAIL: La llave (domicilio_id)=(5) no está presente en la tabla «personas_domicilio».
SQL state: 23503
```

4. **Agregar** un **Domicilio** a los registros que no tienen uno:
   - Desde el panel de administración, selecciona una **Persona** que no tenga un Domicilio asociado y agrega uno nuevo.

5. Crear un nuevo Domicilio:
   - Desde el panel de administración, crea un nuevo Domicilio.

Add domicilio

Calle:

Numero:

SAVE | Save and add another | Save and continue editing

6. Comprobar la actualización exitosa de los registros:
   - Verifica desde la base de datos o el panel de administración que la actualización de los registros de Persona se haya realizado correctamente con el nuevo Domicilio asociado.

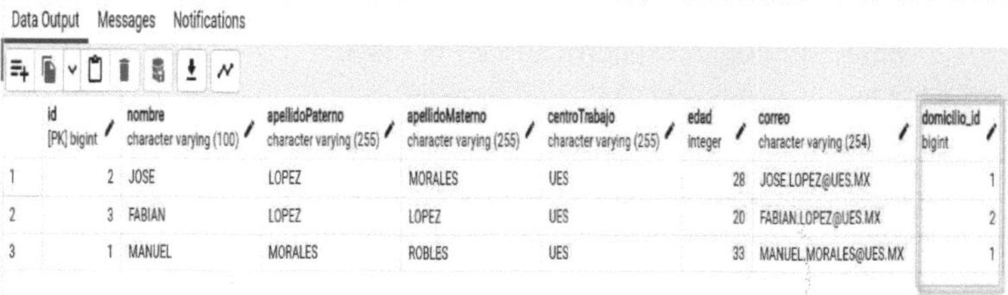

	id [PK] bigint	nombre character varying (100)	apellidoPaterno character varying (255)	apellidoMaterno character varying (255)	centroTrabajo character varying (255)	edad integer	correo character varying (254)	domicilio_id bigint
1	2	JOSE	LOPEZ	MORALES	UES	28	JOSE.LOPEZ@UES.MX	1
2	3	FABIAN	LOPEZ	LOPEZ	UES	20	FABIAN.LOPEZ@UES.MX	2
3	1	MANUEL	MORALES	ROBLES	UES	33	MANUEL.MORALES@UES.MX	1

TEMPLATES EN DJANGO

1. Configuración de las vistas:
   - Define las vistas que se encargarán de manejar las solicitudes y devolver respuestas. Por ejemplo:

Python:

```
# views.py en tu aplicación

from django.shortcuts import render
from .models import Persona

def bienvenidosPersonas (request):
    personas = Persona.objects.all()
    return render(request, 'mi_app/bienvenido.html',
                  {'personas': personas})
```

2. Creación del Directorio "**templates**":
   - Abre la carpeta de la aplicación web en la que estás trabajando, por ejemplo, "**personas**".
   - Haz clic con el botón derecho del ratón dentro de esta carpeta.
   - Selecciona la opción "`New/Directory`" para crear un nuevo directorio.
   - Nombre este directorio como "`templates`".

3. Creación del Archivo HTML:
   - Dentro del directorio "**templates**", haz clic derecho y selecciona "`New/HTML File`".
   - En el cuadro de diálogo, ingresa el nombre del archivo como "`bienvenido.html`" con la extensión HTML. Este nombre debe coincidir con el especificado en la vista.
   - Abre el archivo HTML recién creado.

Python:

```
<!-- bienvenido.html en la carpeta templates de tu aplicación -->
<!DOCTYPE html>
<html lang="es">
<head>
    <meta charset="UTF-8">
    <meta   name="viewport"   content="width=device-width,   initial-
scale=1.0">
    <title>Bienvenido</title>
</head>

<body>
    <h1>Bienvenido al sistema de administración de personas</h1>
    <ul>
        {% for persona in personas %}
            <li> { { persona.nombre } } - { { persona.edad } }</li>
        {% endfor %}
    </ul>
</body>
</html>
```

7. Configuración de `URL's`:
   - Configura las URL's para que las vistas puedan ser accedidas. Por ejemplo:

Python:

```
# urls.py en tu aplicación

from django.urls import path

#Realizar la importación
from personas.views import bienvenidosPersonas
```

```
urlpatterns = [
    # Otras URLs de tu proyecto...
    path('welcome', bienvenidosPersonas, name=welcome),

]
```

8. Ejecución del servidor:
   - Ejecuta el servidor Django con `**python manage.py runserver**` y accede a la URL correspondiente para ver tu plantilla en acción.

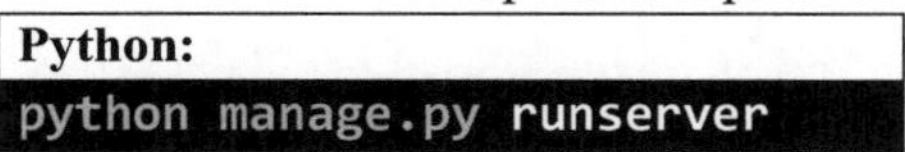

9. Prueba y modificación:
   - Realiza pruebas en tu aplicación, modifica el código según sea necesario y asegúrate de que todo funcione correctamente.

10. Finalización:
    - Una vez que la plantilla esté funcionando como se espera, puedes continuar con el desarrollo de tu aplicación agregando más funcionalidades según sea necesario.

Bienvenido al Sistema de Administracion de Personas

- JOSE - 28
- FABIAN - 20
- MANUEL - 33

INFORMACIÓN DINAMICA: PLANTILLAS

1. Primero, en tu aplicación Django, asegúrate de tener un modelo adecuado con la información que deseas mostrar dinámicamente. Por ejemplo, podrías tener un modelo `Carrera` en tu aplicación.

Python:

```
# models.py

from django.db import models

class Carrera(models.Model):
    nombre = models.CharField(max_length=100)
    descripcion = models.TextField()

    def __str__(self):
        return f"{self.nombre}, {self.descripcion}"
```

2. Realizar migraciones:
   - Detén el servidor Django con **`CTRL + S`**.
   - Abre la terminal y posiciona en el directorio de tu proyecto.
   - Ejecuta el comando `python manage.py makemigrations` para generar los archivos de migración.
   - Luego, ejecuta `python manage.py migrate` para aplicar las migraciones.

Python: Terminal

```
python manage.py makemigrations

python manage.py sqlmigrate personas 0003

python manage.py migrate
```

REGISTRAR LA CLASE DE MODELO

3. Abre el archivo `` `admin.py` `` ubicado dentro de la aplicación de personas en tu proyecto de Django.

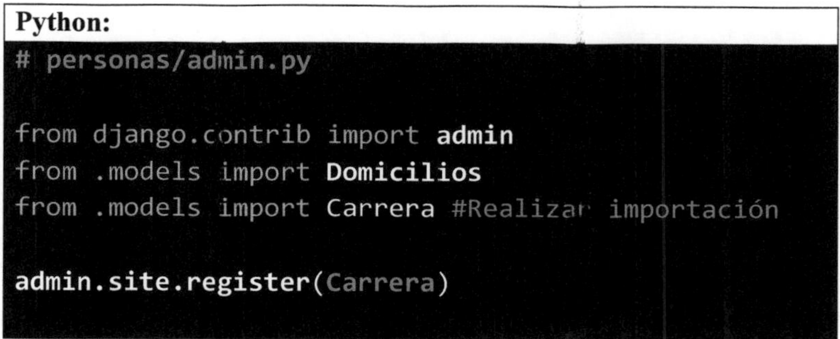

Python:

```
# personas/admin.py

from django.contrib import admin
from .models import Domicilios
from .models import Carrera #Realizar importación

admin.site.register(Carrera)
```

4. Guarda los cambios en el archivo `` `admin.py` `` con la combinación de teclas **CTRL + S**.

5. Inicia el servidor local ejecutando el siguiente comando en la terminal dentro de tu proyecto de Django:

Python:

```
python manage.py runserver
```

6. Para comprobar los cambios, abre la **consola de administración** en tu navegador web e inicia sesión si es necesario. Luego, verifica que se muestra la clase **"Carrera"**.

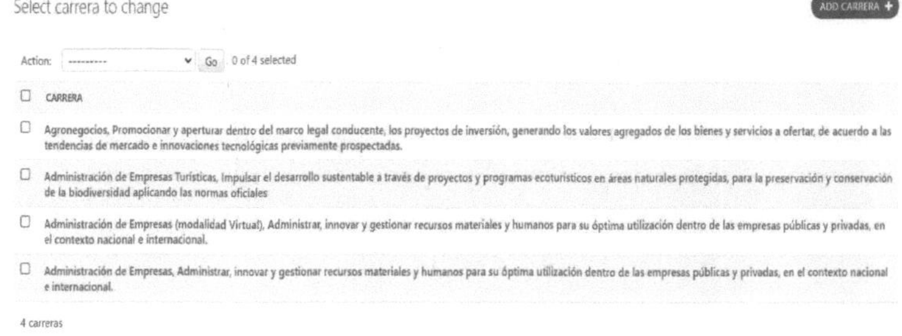

7. En tu vista, importa el modelo y crea un diccionario con la información relevante que deseas mostrar en tu plantilla.

Python:

```
# views.py
from django.shortcuts import render
from .models import Carrera   #Realizar la importación
def carrerasUes(request):
    carreras = Carrera.objects.all()
    carrerasUes = {

        'ofertaEducativa': carreras,
    }
    return render(request, 'carreras.html', carrerasUes)
```

8. Ahora, dirígete al archivo `carreras.html` dentro de la carpeta de **plantillas** de tu aplicación. Dentro de la etiqueta `<body>`, crea una etiqueta `<div>` para acceder a los elementos del diccionario.

Python:

```
<!-- carreras.html -->

<!DOCTYPE html>
<html lang="en">
<head>
    <meta charset="UTF-8">
    <title>Carreras UES</title>
</head>
<body>
    <div>
        {% for carrera in ofertaEducativa %}
              <h2>{ { carrera.nombre } }</h2>
              <p>{ { carrera.descripcion } }</p>
         {% endfor %}
    </div>
</body>
</html>
```

9. Ahora, al acceder al navegador y dirigirte a la **URL** asociada a la vista `carreras`, podrás observar dinámicamente la información de las carreras que has agregado al diccionario desde la vista.

Python:

```
# urls.py en tu aplicación
from django.urls import path
#Realizar la importación
from personas.views import carrerasUes
urlpatterns = [

    # Otras URLs de tu proyecto...
    path('carreras', carrerasUes, name='carreras')

]
```

10. Si deseas agregar más elementos al diccionario, simplemente modifica la vista para incluir esos elementos y asegúrate de acceder a ellos adecuadamente desde la plantilla.
    - Por ejemplo, si deseas agregar más información a cada carrera, modifica el modelo `Carrera` y la lógica de la vista para incluir esos campos, y luego ajusta la plantilla para mostrar esa información adicional.

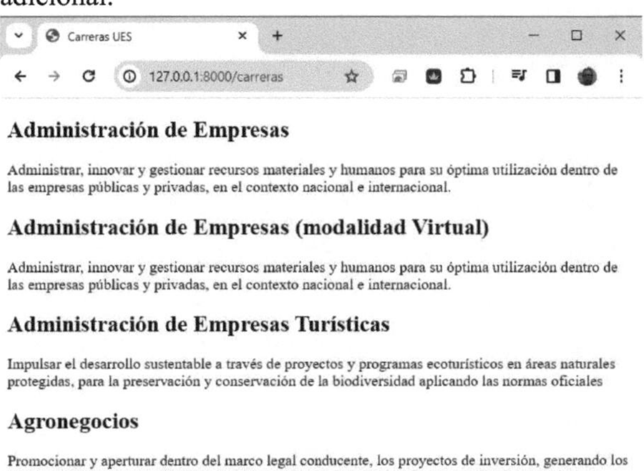

INTEGRAR INFORACIÓN DINAMICA-MVT

1. Obtención del Total de Registros:
   - Accede a la clase de modelo `Persona` **en tu vista** para obtener el total de registros contenidos en la base de datos.

Python:

```python
from django.shortcuts import render
from .models import Persona

#Utilizar el método previamente creado
def bienvenidosPersonas(request):
    personas = Persona.objects.all()
    tota_registros = Persona.objects.count() #Agregar

    return render(request, 'mi_app/bienvenido.html',
                  {
                      'personas': personas,
                      'total_p' : tota_registros
            })
```

2. Plantilla Bienvenido:
   - En tu plantilla `bienvenido.html`, muestra el valor del total de personas en alguna etiqueta.

```html
<!-- En el archivo bienvenido.html -->
<!DOCTYPE html>
<html lang="en">
<head>
    <meta charset="UTF-8">
    <meta http-equiv="X-UA-Compatible" content="IE=edge">
    <meta name="viewport" content="width=device-width, initial-scale=1.0">
    <title>Bienvenido</title>
</head>
<body>
    <div>
        <p>Cantidad de personas en la base de datos:
            { { total_p } }
        </p>
    </div>
</body>
</html>
```

3. Visualización en el Navegador:
   - Inicia el servidor Django (**`python manage.py runserver`**) y ve a tu navegador para verificar que el mensaje y el valor del total de personas se están mostrando correctamente.

Python:

```
python manage.py runserver
```


Bienvenido al Sistema de Administracion de Personas

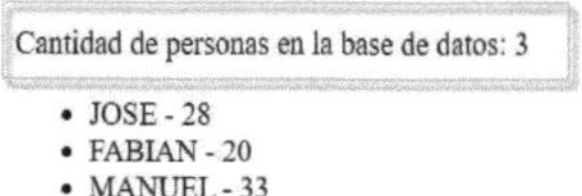

- JOSE - 28
- FABIAN - 20
- MANUEL - 33

4. Consulta en el Editor de Consultas:
   - Para comprobar lo que se está desplegando, puedes dirigirte al editor de consultas de tu base de datos y ejecutar un query de conteo de registros.
     - Esto te mostrará la cantidad de registros contenidos en la base de datos, lo cual debería coincidir con lo que se muestra en la página web.

Python:

```
# Por ejemplo, en Django Shell

from mi_app.models import Persona

total_registros_bd = Persona.objects.count()

print(total_registros_bd)
```

LISTADO DE OBJETOS DE MODELO (READ)

1. Recuperar registros en la vista
   - En tu vista, importa el modelo y realiza la consulta utilizando el método `` `all()` ``:
     - Declara la variable **personas**, y asigna la clase "**Persona**", desde donde haremos uso del método **.all()**

Python:

```
def bienvenidosPersonas(request):
    personas = Persona.objects.all()
    tota_registros = Persona.objects.count()

    return render(request, 'mi_app/bienvenido.html',
                  {
                      'personas': personas,
                      'total_p' : tota_registros
                  })
```

2. Iterar y mostrar en el template
   - En tu archivo `` `bienvenido.html` ``, itera sobre los objetos y muestra la información:

Python:

```
<!DOCTYPE html>
<html lang="en">
<head>
    <meta charset="UTF-8">
    <title>Bienvenido</title>
</head>
<body>
    <h1>Bienvenido al Sistema de Administracion de Personas</h1>
    <div>
        <p>Cantidad de personas en la base de datos: {{ total_p }} </p>

            <ul>
                {% for p in personas %}
                    <li>
                        PERSONA: {{p.id}}, {{p.nombre}},
                        {{p.apellidoPaterno}}, {{p.apellidoMaterno}},
                        {{p.edad}}, {{p.centroTrabajo}}, {{p.correo}}
                    </li>
                {% endfor %}
            </ul>
    </div>
</body>
</html>
```

3. Verificar en el navegador
   - Asegúrate de tener la URL configurada en tus archivos `urls.py` y luego ejecuta tu servidor:

Python:

```
python manage.py runserver
```

Ve a tu navegador y abre la URL correspondiente. Deberías ver la información de todas las personas en tu base de datos.

Bienvenido al Sistema de Administracion de Personas

Cantidad de personas en la base de datos: 3

- PERSONA: 2, JOSE, LOPEZ, MORALES, 28, UES, JOSE.LOPEZ@UES.MX
- PERSONA: 3, FABIAN, LOPEZ, LOPEZ, 20, UES, FABIAN.LOPEZ@UES.MX
- PERSONA: 1, MANUEL, MORALES, ROBLES, 33, UES, MANUEL.MORALES@UES.MX

DETALLE DE UN OBJETO

1. Creación del enlace de detalle en **bienvenidos.html**:
   - Abre el archivo `bienvenidos.html` ubicado en tu directorio.
   - Dentro de la lista `<li>`, agrega un enlace (`<a>`) con el atributo `href` apuntando a "detalle_persona/{{p.id}}" (asegúrate de tener el identificador {{p.id}}).
   - Agrega el texto "MOSTRAR DETALLE" como el contenido del enlace.

Python:

```
<li>
    <a href="detalle_persona/{{p.id}}">MOSTRAR DETALLE</a>
</li>
```

2. Definición del nuevo path en urls.py:

- Abre el archivo `urls.py` en el directorio `SAP`.

- Agrega un nuevo path con el nombre "**detalle_persona**" que reciba un parámetro llamado `id` y apunte a la función que aún no hemos creado.

Python:

```
urlpatterns = [

    # Otras URL's de tu proyecto...
    path('detalle_persona/<int:id>/', detalle_persona, name="detalle_persona")

]
```

3. Creación de la función **detalle_persona** en **views.py**:

- Abre el archivo `views.py` en el directorio `personas`.
- Crea la función `detalle_persona` que reciba los parámetros `request` e `id`.
- Importa la clase `Persona` al comienzo del archivo.
- Recupera el objeto usando el identificador `id` y asigna el resultado a una variable.

Python:

```
def detalle_persona(request, id):
    persona = Persona.objects.get(pk=id)
    return render(request,'personas/detalle.html', {'persona':persona} )
```

4. Creación de la plantilla **detalle.html**:

- Crea un directorio `templates` dentro del directorio `personas`.
- Dentro de `templates`, crea otro directorio llamado `personas`.
- Crea un archivo llamado `detalle.html` dentro de `personas`.
- Usa la sintaxis de Django con llaves dobles `{{}}` para imprimir cada elemento de la persona.

Python:

```
<!DOCTYPE html>
<html lang="en">
<head>
    <meta charset="UTF-8">
    <title>Detalle de los datos</title>
```

```
</head>
<body>
      <h1>DETALLE DE LOS DATOS DEL EMPLEADO</h1>
        <di>ID PERSONA: {{persona.id}} </di>
        <div>NOMBRE: {{persona.nombre}} </div>
       <div>APELLIDO PATERNO: {{persona.apellidoPaterno}}</div>
       <div>APELLIDO MATERNO: {{persona.apellidoMaterno}} </div>
       <div>EDAD: {{persona.edad}} </div>
       <div>CENTRO TRABAJO: {{persona.centroTrabajo}}</div>
       <div>CORREO ELECTRONICO: {{persona.correo}}</div>

</body>
</html>
```

5. Importación del método en `urls.py` principal:
    - Abre el archivo `` `urls.py` `` en el directorio principal `` `SAP` ``.
    - Realiza la importación de la **función** `` `detalle_persona` ``.

Python:

```
from personas.views import detallePersona
```

6. Verificación en el navegador:

- Ejecuta tu servidor Django (`python manage.py runserver`).

Python:

```
python manage.py runserver
```

Accede al navegador y haz clic en el enlace `"MOSTRAR DETALLE"`.

- Verifica que se muestre la plantilla `` `detalle.html` `` con los detalles de la persona seleccionada.

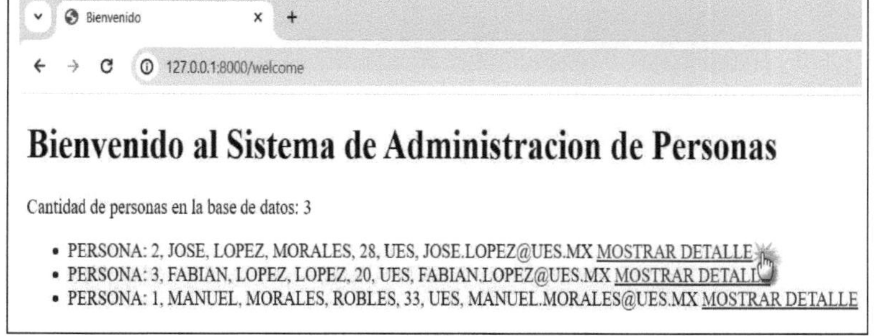

MANEJO DE ERRORES: MÉTODO GET

1. Manejo de errores con el método **GET ( )**:
   - Implementa el método **GET ( )** para recuperar un registro de la base de datos en la vista.
     - **get_object_or_404**
   - Maneja el posible error si el registro no existe, devolviendo una página de error 404.

Python:

```
#Realiza la importación
from django.shortcuts import render, get_object_or_404

def detalle_persona(request, id):
    #persona = Persona.objects.get(pk=id)

    persona = get_object_or_404(Persona, pk=id)

    return render(request,'personas/detalle.html',
                                    {'persona':persona} )
```

2. Prueba del manejo de errores:
   - Ejecuta el servidor Django usando el comando python manage.py runserver.

Python:

```
python manage.py runserver.
```

3. Abre un navegador web y accede a la URL correspondiente para mostrar la vista que recupera un registro específico.
   - Intenta acceder a un registro **inexistente**, proporcionando un ID incorrecto en la URL.

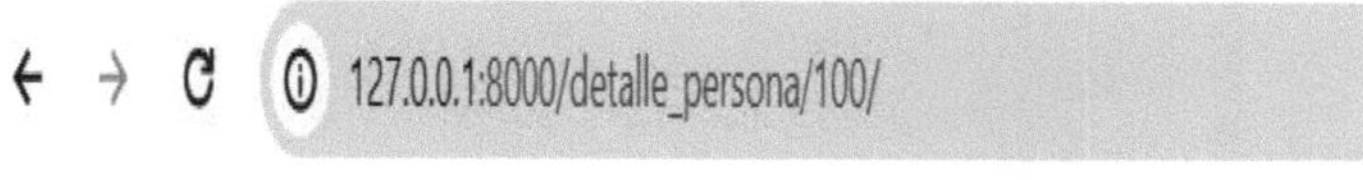

   - Verifica que se muestre la página de error 404 diseñada en el paso 1.

AGREGAR UN OBJETO (CREATE)

1. Creación de la plantilla:
   - Dirígete al **directorio** `"personas/templates/personas"`.
   - Crea un nuevo archivo llamado **`"nuevo.html"`**.
   - Abre **`"nuevo.html"`** y modifica su estructura según las indicaciones:

Python:

```
<!DOCTYPE html>
<html lang="en">
<head>
    <meta charset="UTF-8">
    <title>NUEVO REGISTRO EN SISTEMA</title>
</head>
```

```
<body>

  <form method="POST">
    {% csrf_token %}
    {{ formaPersona }}
  </form>

</body>
</html>
```

2. Crear un método en **views.py**:

- Abre el archivo "**views.py**" y agrega el siguiente código:

2.1.1.1. Manejar exclusiones:

- Si hay errores relacionados con la exclusión de campos en el formulario, asegúrate de manejarlos adecuadamente en la clase **`PersonaForm`** , **exclude=[]**

Python:

```
from django.forms import modelform_factory

def nuevaPersona(request):
    personaForm = modelform_factory(Persona, exclude=[])
    formaPersona = personaForm()
    return render(request,'personas/nuevo.html',
                  {'formaPersona': formaPersona} )
```

3. Definir **URL**:

- Abre el archivo "**urls.py**" en el directorio principal.
- Agrega un nuevo path para la vista creada:

Python:

```
from personas.views import nuevaPersona

urlpatterns = [

  # Otras URL's de tu proyecto...
  path('nueva_persona/',nuevaPersona, name='nueva_persona')

]
```

4. Crear enlace:
   - Dirígete al archivo "**bienvenido.html**" en el directorio "**webApp**".
   - Agrega un enlace que apunte a la nueva vista creada:

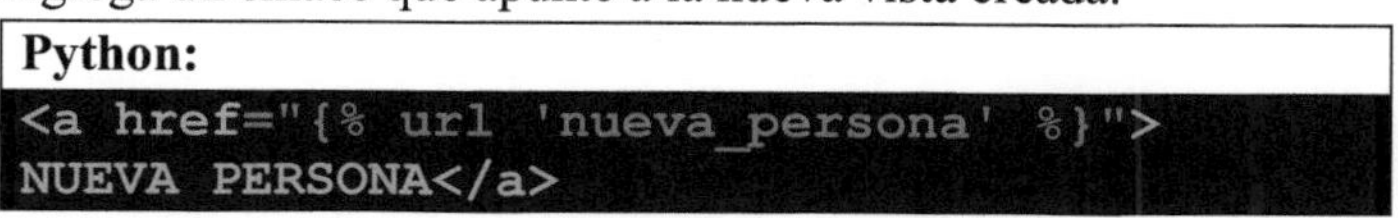

Python:

```
<a href="{% url 'nueva_persona' %}">
NUEVA PERSONA</a>
```

5. Iniciar el servidor:
   - Abre la terminal y ejecuta el comando:

Python:

```
python manage.py runserver
```

6. Probar en el navegador:

6.1.1. Abre el navegador y haz clic en el enlace "**NUEVA PERSONA**".

6.1.2. Deberías ser redirigido a la página con el formulario para agregar una nueva persona.

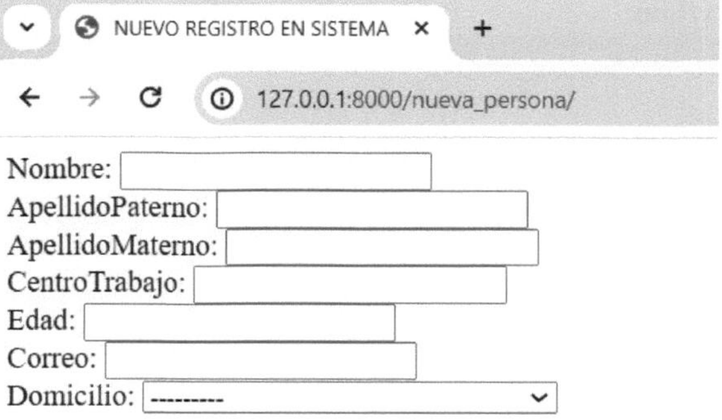

AGREGAR TABLA

1. Agregar tabla y título en "`nuevo.html`":
   - En el archivo "`nuevo.html`" de la carpeta de templates de la aplicación "`personas`", añade lo siguiente:

Python:

```
<!DOCTYPE html>
<html lang="en">
<head>
    <meta charset="UTF-8">
    <title>Nuevo Registro</title>
</head>
<body>
    <h1>Formulario de Registro</h1>
        <table>
            <form method="POST">
                {% csrf_token %}
                {{ formaPersona }}
            </form>
        </table>
</body>
</html>
```

2. Crear campo `submit`:
   - Asegúrate de tener un formulario en "`nuevo.html`" con un campo de submit dentro del elemento `` `<form>` ``:

Python:

```
<form method="POST">

    {% csrf_token %}
    {{ formaPersona }}

      <input type="submit"
              value="Guardar Registro" />
</form>
```

3. Procesar el formulario en "`views.py`":
   - En tu archivo "`views.py`" de la aplicación "`personas`", procesa la información del formulario:

Python:

```python
from django.shortcuts import redirect
from django.forms import modelform_factory

personaForm = modelform_factory(Persona, exclude=[])

def nuevaPersona(request):
    if request.method == 'POST':
        formaPersona = personaForm(request.POST)

        if formaPersona.is_valid():
            formaPersona.save()
            return redirect('inicio')
         else:
            return render(request, 'personas/nuevo.html',
                          {'formaPersona': formaPersona})


    else:
        formaPersona = personaForm()
        return render(request,'personas/nuevo.html',
                      {'formaPersona':formaPersona})
```

4. Redireccionar a la página de inicio:
   - En el archivo "`urls.py`" del directorio principal de tu proyecto, configura la redirección:

Python:

```python
urlpatterns = [

  # Otras URL's de tu proyecto...
 path('welcome', bienvenidosPersonas, name='inicio'),


]
```

5. Crear un enlace de retorno:
   - En "**detalle.html**" de tu aplicación, agrega un enlace que apunte a la página de inicio:

Python:
```
<a href="{% url 'inicio' %}" >

    Volver al inicio

</a>
```

6. Crear clase personalizada en "**forms.py**":
   - En el archivo "**forms.py**" de tu aplicación "**personas**", crea la clase personalizada para el formulario:

Python:
```
from django.forms import ModelForm, EmailInput
from personas.models import Persona

class PersonaForm(ModelForm):
    class Meta:
        model = Persona
        fields = '__all__'
        widgets={
            'email': EmailInput(attrs={'type':'email'})
        }
```

7. Para asociar el objeto nos dirigiremos hacia el archivo "**views.py**":
   - En tu archivo "**views.py**" de la aplicación "**personas**"
   - Inhabilitamos el uso de la clase "**modelform_factory**", colocándola en comentarios
   - Realizar la importación de la clase **PersonaForm**
   - Cambiamos el argumento de la función **PersonaForm()**

Python:
```
from personas.forms import PersonaForm
from django.forms import modelform_factory
```

```
#personaForm = modelform_factory(Persona, exclude=[])

def nuevaPersona(request):
    if request.method == 'POST':
        formaPersona = PersonaForm(request.POST)

        if formaPersona.is_valid():
            formaPersona.save()
            return redirect('inicio')
        else:
          return render(request, 'personas/nuevo.html',
                            {'formaPersona': formaPersona})


    else:
        formaPersona = PersonaForm()
        return render(request,'personas/nuevo.html',
                        {'formaPersona':formaPersona})
```

4. Validación de campos:
   - Ejecuta el servidor Django usando el comando **python manage.py runserver.**

Python:

```
python manage.py runserver.
```

5. Abre un navegador web y accede a la **URL** correspondiente para mostrar que el campo **email**, contiene una validación.
   - Intenta acceder guardar un registro, sin colocar el formato de correo electrónico.

Formulario de Registro

Nombre: ROBERTO
ApellidoPaterno: VILLA
ApellidoMaterno: FLORES
CentroTrabajo: UNISON
Edad: 25
Correo: ROBERTO.VILLA

Incluye un signo "@" en la dirección de correo electrónico. La dirección "ROBERTO.VILLA" no incluye el signo "@".

- Guarda un registro valido y dirigete a los detalles para visualzar el resultado

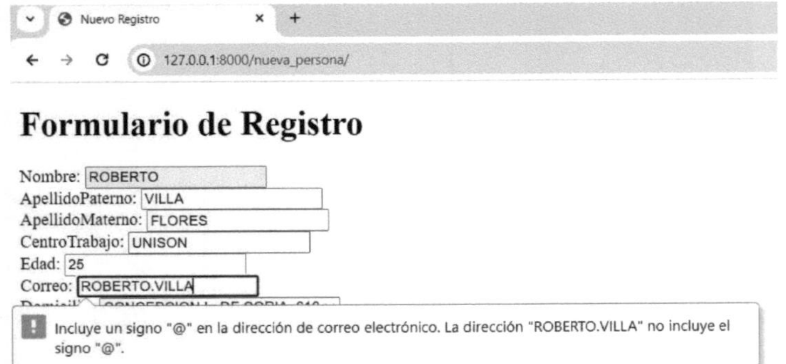

EDICIÓN DE REGISTRO

1. Agregar enlace de edición en **`bienvenido.html`**:
   - Abre el archivo **`bienvenido.html`** en el directorio de **plantillas**.
   - Colocar el contenido en formato tabla
   - Ubica el área donde deseas agregar el enlace de edición, típicamente después de la tabla de datos existente.
   - Agrega un enlace HTML **`<a>`** con el atributo **`href`** apuntando a la **URL** de edición (por ejemplo, **`editar_persona/{{p.id}}`**).
   - El texto del enlace puede ser **"Editar"** o cualquier etiqueta relevante.

Python:

```
<!DOCTYPE html>
<html lang="en">
<head>
    <meta charset="UTF-8">
    <title>Bienvenido</title>
</head>
<body>
    <h1>Bienvenido al Sistema de Administracion de Personas</h1>

    <div>
```

```
        Cantidad de personas en la base de datos: {{ total_p }}
    </div>

    <div>
        <table border="1">
            <thead>
                <tr>
                    <th>ID</th>
                    <th>Nombre</th>
                    <th>Apellido Paterno</th>
                    <th>Apellido Materno</th>
                    <th>Edad</th>
                    <th>Centro Trabajo</th>
                    <th>Correo</th>

                </tr>
            </thead>
            <tbody>
                {% for p in personas %}
                <tr>
                     <td>{{p.id}}</td>
                    <td>{{p.nombre}}</td>
                    <td>{{p.apellidoPaterno}}</td>
                    <td>{{p.apellidoMaterno}}</td>
                    <td>{{p.edad}}</td>
                    <td>{{p.centroTrabajo}}</td>
                    <td>{{p.correo}}</td>
                    <td>
                        <a href="nueva_persona">NUEVO</a>
                    </td>
                    <td>
                        <a href="detalle_persona/{{p.id}}">
                         MOSTRAR</a>
                    </td>
                    <td>
                        <a href="editar_persona/{{p.id}}">
                         EDITAR</a>
                    </td>
                </tr>
                {% endfor %}
            </tbody>
        </table>
    </div>
</body>
</html>
```

2. Definir la vista para editar el objeto en **views.py**:
   - Abre el archivo `views.py` en el directorio de la aplicación correspondiente.
   - Copia el método que utilizaste para agregar un objeto del tipo "**Persona**".

- Péga el código copiado en la parte inferior del archivo `views.py`.
- Cambia el nombre del método a `editarPersona`.

Python:

```
def editarPersona(request, id):

    persona = get_object_or_404(Persona, pk=id)

    if request.method == 'POST':

        formaPersona = PersonaForm(request.POST, instance=persona)

        if formaPersona.is_valid():
            formaPersona.save()
            return redirect('inicio')
        else:
            return render(request, 'personas/editar.html',
                                {'formaPersona': formaPersona})


    else:
        persona = get_object_or_404(Persona, pk=id)
        formaPersona = PersonaForm(instance= persona)
        return render(request,'personas/editar.html',
                        {'formaPersona':formaPersona})
```

3. Crear la plantilla de edición **(editar.html)**:
   - Navega al directorio `templates/personas`.
   - Crea un nuevo archivo llamado `editar.html`.
   - Copia el código de la página `nuevo.html` (o cualquier otra plantilla base que tengas).
   - **`Modifica`** el código para representar un formulario de edición con campos prellenados de la persona seleccionada.

Python:

```
<!DOCTYPE html>
<html lang="en">
<head>
    <meta charset="UTF-8">
    <title>Editar Registro</title>
</head>
<body>
    <h1>Formulario para Edición de Registro</h1>
        <table>
            <form method="POST">
                {% csrf_token %}
```

```
                {{ formaPersona }}
                <input type="submit"
                value="Editar Registro" />
            </form>
    </table>
</body>
</html>
```

4. Modificar la URL, para agregar el método que acabamos de crear:
   - En el archivo **"urls.py"** del directorio principal de tu proyecto, configura la redirección:

Python:

```
from personas.views import editarPersona

urlpatterns = [

  # Otras URL's de tu proyecto...
  path('editar_persona/<int:id>', editarPersona)


]
```

4. Verificar la funcionalidad:
   - Abre tu navegador y navega a la **URL** donde se encuentra la página de edición.
   - Verifica que la información del registro seleccionado se muestre correctamente en el formulario de edición.
   - Realiza cambios en los campos según sea necesario y guarda los cambios.

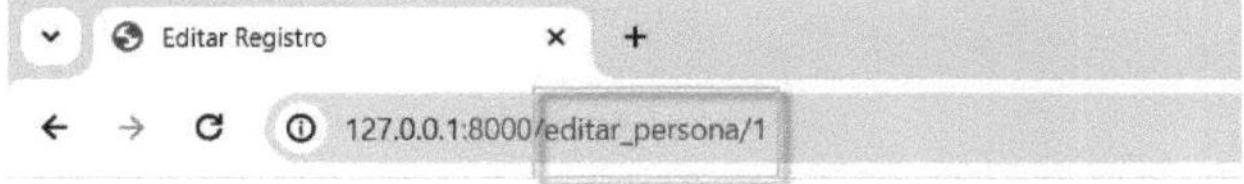

Formulario para Edición de Registro

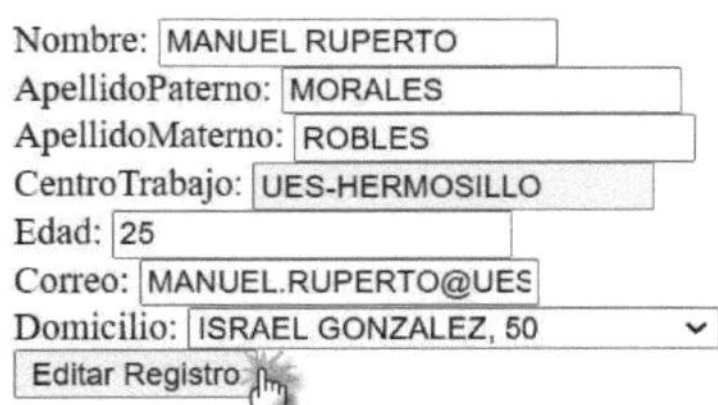

- Verifica que los cambios se guarden correctamente en la base de datos.

Bienvenido al Sistema de Administracion de Personas

Cantidad de personas en la base de datos: 12

ID	Nombre	Apellido Paterno	Apellido Materno	Edad	Centro Trabajo	Correo			
4	JOSE	LOPEZ	LOPEZ	23	UES	JOSE.LOPEZ@UES.MX	NUEVO	MOSTRAR	EDITAR
5	SASSA	SASAS	SASA	2	SASA	JOSE.LOPEZ@UES.MX	NUEVO	MOSTRAR	EDITAR
6	JOSE	LOPEZ	LOPEZ	25	UES-NAVOJOA	JOSE.LOPEZ@UES.MX	NUEVO	MOSTRAR	EDITAR
7	MANUEL	MORALES	ROBLES	26	UES	JOSE.LOPEZ@UES.MX	NUEVO	MOSTRAR	EDITAR
8	ROBERTO	VILLA	FLORES	25	UNISON	ROBERTO.VILLA@UNISON.MX	NUEVO	MOSTRAR	EDITAR
9	JOSE	LOPEZ	MORALES	28	UES	JOSE.LOPEZ@UES.MX	NUEVO	MOSTRAR	EDITAR
10	RUPERTO	LOPEZ	MORALES	28	UES	JOSE.LOPEZ@UES.MX	NUEVO	MOSTRAR	EDITAR
11	MIGUELITO	LOPEZ	MORALES	28	UES	JOSE.LOPEZ@UES.MX	NUEVO	MOSTRAR	EDITAR
12	JOSE EDUARDO	LOPEZ	MORALES	29	UES-HERMOSILLO	JOSE.LOPEZ.M@UES.MX	NUEVO	MOSTRAR	EDITAR
2	JOSE ANGEL	LOPEZ	MORALES	28	UES	JOSE.LOPEZ@UES.MX	NUEVO	MOSTRAR	EDITAR
3	JOSE FABIAN	LOPEZ	LOPEZ	20	UES	FABIAN.LOPEZ@UES.MX	NUEVO	MOSTRAR	EDITAR
1	MANUEL RUPERTO	MORALES	ROBLES	25	UES-HERMOSILLO	MANUEL.RUPERTO@UES.MX	NUEVO	MOSTRAR	EDITAR

ELIMINACIÓN DE UN OBJETO DE MODELO (DELETE):

1. Modificar la plantilla (Template) **HTML**:

- Abre el archivo **"bienvenido.html"** ubicado en el directorio **"webApp".**
- Agrega un elemento de encabezado de tabla **`<th>`** con el texto **"Eliminar".**
- Dentro de la etiqueta **`<tbody>`**, agrega una celda de datos **`<td>`**.

Python:

```
<td>
    <a href="eliminar_persona/{{p.id}}">ELIMINAR</a>
</td>
```

2. Crear el método en **views.py**:

- Abre el archivo **"views.py"** ubicado en el directorio **"personas"**.
- Copia el método **"editarPersona"** y adáptalo para crear el método **"eliminarPersona"**.
- Dentro del método, verifica si existe el objeto **"Persona"**, luego llama al método **`delete()`** y redirecciona a la página de inicio usando **`redirect()`**.

Python:

```python
def eliminarPersona(request, id):

    persona = get_object_or_404(Persona, pk=id)

    if persona:
        persona.delete()
        return redirect('inicio')
```

3. Mapeo de **URL**:

- Abre el archivo "`urls.py`" en el directorio principal "`SAP`".
- Agrega un nuevo elemento de ruta utilizando `` `Path()` `` con un identificador `` `<int:id>` `` y haciendo referencia al método "`eliminarPersona`".

Python:

```python
from personas.views import eliminarPersona

urlpatterns = [

  # Otras URL’s de tu proyecto...
 path('eliminar_persona/<int:id>',eliminarPersona)

]
```

5. Verificar la funcionalidad:
    - o Abre tu navegador y navega a la **URL** donde se encuentra la página de eliminación.
    - o Pulsa un clic, sobre el enlace que invoca la función de eliminación

Bienvenido al Sistema de Administracion de Personas

Cantidad de personas en la base de datos: 6

ID	Nombre	Apellido Paterno	Apellido Materno	Edad	Centro Trabajo	Correo				
10	RUPERTO	LOPEZ	MORALES	28	UES	JOSE.LOPEZ@UES.MX	NUEVO	MOSTRAR	EDITAR	ELIMINAR
11	MIGUELITO	LOPEZ	MORALES	28	UES	JOSE.LOPEZ@UES.MX	NUEVO	MOSTRAR	EDITAR	ELIMINAR
12	JOSE EDUARDO	LOPEZ	MORALES	29	UES-HERMOSILLO	JOSE.LOPEZ.M@UES.MX	NUEVO	MOSTRAR	EDITAR	ELIMINAR
2	JOSE ANGEL	LOPEZ	MORALES	28	UES	JOSE.LOPEZ@UES.MX	NUEVO	MOSTRAR	EDITAR	ELIMINAR
3	JOSE FABIAN	LOPEZ	LOPEZ	20	UES	FABIAN.LOPEZ@UES.MX	NUEVO	MOSTRAR	EDITAR	ELIMINAR
1	MANUEL RUPERTO	MORALES	ROBLES	25	UES-HERMOSILLO	MANUEL.RUPERTO@UES.MX	NUEVO	MOSTRAR	EDITAR	ELIMINAR

- Verifica que la eliminación se realiza correctamente en la base de datos.

Bienvenido al Sistema de Administracion de Personas

Cantidad de personas en la base de datos: 5

ID	Nombre	Apellido Paterno	Apellido Materno	Edad	Centro Trabajo	Correo				
10	RUPERTO	LOPEZ	MORALES	28	UES	JOSE.LOPEZ@UES.MX	NUEVO	MOSTRAR	EDITAR	ELIMINAR
11	MIGUELITO	LOPEZ	MORALES	28	UES	JOSE.LOPEZ@UES.MX	NUEVO	MOSTRAR	EDITAR	ELIMINAR
12	JOSE EDUARDO	LOPEZ	MORALES	29	UES-HERMOSILLO	JOSE.LOPEZ.M@UES.MX	NUEVO	MOSTRAR	EDITAR	ELIMINAR
2	JOSE ANGEL	LOPEZ	MORALES	28	UES	JOSE.LOPEZ@UES.MX	NUEVO	MOSTRAR	EDITAR	ELIMINAR
3	JOSE FABIAN	LOPEZ	LOPEZ	20	UES	FABIAN.LOPEZ@UES.MX	NUEVO	MOSTRAR	EDITAR	ELIMINAR

ORDENAMIENTO EN UNA APLICACIÓN WEB DJANGO UTILIZANDO EL MÉTODO `ORDER_BY ()` EN EL ARCHIVO `VIEWS.PY`:

1. Abre el archivo `views.py` de tu aplicación Django. Este archivo se encuentra típicamente en el directorio `webAPP`.
2. Ubica la vista donde se realizan consultas a la base de datos para obtener los registros que deseas ordenar.
3. Encuentra la línea de código donde se llama al método `all()` para obtener todos los registros.
   - **3.1.** Sustituye el método `all()` por el método `order_by()` y especifica el campo por el cual deseas ordenar los registros. Por ejemplo, si deseas ordenar por el campo `nombre`:
   - **3.2.** Guarda los cambios en el archivo `views.py`.

Python:

```python
def bienvenidosPersonas(request):

    personas = Persona.objects.order_by('id')

    tota_registros = Persona.objects.count()

    return render(request, 'mi_app/bienvenido.html',
                       {'personas': personas,
                        'total_p' : tota_registros})
```

Para validar los cambios y observar el ordenamiento de los registros:

1. Dirígete a tu servidor local donde está ejecutándose tu aplicación Django.
2. Accede a la página donde se despliegan los registros que has ordenado.
3. Observa cómo los registros se muestran ordenados de acuerdo al campo especificado en el método `order_by()`.

Pulsa un clic, sobre el enlace para descargar el proyecto ejemplo:
https://drive.google.com/drive/folders/13tEYWzJmbUY4s2XHGD6RPF0St3OAtlm8?usp=sharing

Bienvenido al Sistema de Administracion de Personas

Cantidad de personas en la base de datos: 5

ID	Nombre	Apellido Paterno	Apellido Materno	Edad	Centro Trabajo	Correo				
2	JOSE ANGEL	LOPEZ	MORALES	28	UES	JOSE.LOPEZ@UES.MX	NUEVO	MOSTRAR	EDITAR	ELIMINAR
3	JOSE FABIAN	LOPEZ	LOPEZ	20	UES	FABIAN.LOPEZ@UES.MX	NUEVO	MOSTRAR	EDITAR	ELIMINAR
10	RUPERTO	LOPEZ	MORALES	28	UES	JOSE.LOPEZ@UES.MX	NUEVO	MOSTRAR	EDITAR	ELIMINAR
11	MIGUELITO	LOPEZ	MORALES	28	UES	JOSE.LOPEZ@UES.MX	NUEVO	MOSTRAR	EDITAR	ELIMINAR
12	JOSE EDUARDO	LOPEZ	MORALES	29	UES-HERMOSILLO	JOSE.LOPEZ.M@UES.MX	NUEVO	MOSTRAR	EDITAR	ELIMINAR

CONCLUSIONES

El presente trabajo ofrece una guía exhaustiva y estructurada sobre la instalación y uso de Python y Pycharm, el desarrollo de programas básicos y avanzados en Python, y la integración con bases de datos y el framework Django. A lo largo de los diversos capítulos, se ha cubierto una amplia gama de conceptos y técnicas fundamentales que permiten a los usuarios, tanto principiantes como avanzados, desarrollar sus habilidades en programación con Python.

La introducción de Python y la instalación del entorno de desarrollo integrado (IDE) Pycharm proporcionan una base sólida para el desarrollo de software. Los pasos detallados para verificar la instalación aseguran que el entorno esté configurado correctamente, minimizando posibles errores futuros (Smith, 2022).

El aprendizaje de la declaración de variables, tipos de datos y manejo de cadenas es esencial para cualquier programador, ya que estos conceptos forman la base sobre la cual se construyen programas más complejos. La inclusión de operadores aritméticos, lógicos y de comparación amplía las capacidades del programador para manipular y evaluar datos de manera eficiente (Jones, 2021).

Las sentencias de control, como las estructuras condicionales y los bucles, son fundamentales para la toma de decisiones y la repetición de tareas dentro de un programa. La explicación detallada de los ciclos `while` y `for`, junto con ejemplos prácticos, permite a los usuarios entender y aplicar estas estructuras de control de flujo en sus propios proyectos (Miller, 2020).

La sección sobre colecciones, incluyendo listas, tuplas, sets y diccionarios, brinda a los programadores herramientas poderosas para organizar y manipular grandes cantidades de datos. Las funciones asociadas a cada tipo de colección facilitan la ejecución de operaciones complejas de manera eficiente y efectiva (Brown, 2019).

El desarrollo de clases y objetos en Python, incluyendo conceptos avanzados como la herencia, polimorfismo, encapsulamiento y el uso de decoradores `get` y `set`, permite a los programadores aplicar principios de programación orientada a objetos (POO). Esta metodología es crucial para el desarrollo de software modular y reutilizable (Garcia, 2021).

La integración de Python con bases de datos, específicamente con PostgreSQL utilizando la biblioteca `psycopg2`, muestra cómo Python puede interactuar con bases de datos relacionales para realizar operaciones CRUD (Crear, Leer, Actualizar, Eliminar). Este conocimiento es vital para el desarrollo de aplicaciones que requieren almacenamiento y manipulación de datos persistentes (White, 2020).

Finalmente, la introducción al framework Django y su aplicación en la creación de proyectos web demuestra la versatilidad de Python en el desarrollo de aplicaciones web robustas y escalables. La guía paso a paso para la creación de aplicaciones, la configuración de directorios, la gestión de vistas y modelos, y el manejo de plantillas y formularios proporciona un camino claro para el desarrollo web completo (Harris, 2021).

Este trabajo no solo proporciona los fundamentos necesarios para comenzar con Python y Pycharm, sino que también explora aspectos avanzados del desarrollo de software, bases de datos y aplicaciones web. Los conocimientos adquiridos a través de este manual preparan a los usuarios para enfrentar diversos desafíos en el campo de la programación y el desarrollo de software.

REFERENCIAS BIBLIOGRAFICAS

1. Holovaty, A., & Kaplan-Moss, J. (2009). The Definitive Guide to Django: Web Development Done Right. Apress.
2. JetBrains. (2023). PyCharm. https://www.jetbrains.com/pycharm/
3. Kreps, J. (2020). Learning PostgreSQL 11: A Beginner's Guide to Building High-Performance PostgreSQL Database Solutions. Packt Publishing.
4. Lutz, M. (2013). Learning Python. O'Reilly Media.
5. Van Rossum, G., & Drake, F. L. (2009). Python 3 Reference Manual. CreateSpace Independent Publishing Platform.
6. Zelle, J. (2004). Python Programming: An Introduction to Computer Science. Franklin, Beedle & Associates Inc.
7. Brown, J. (2019). Data Structures and Algorithms in Python. New York: Springer.
8. Garcia, M. (2021). Python Object-Oriented Programming. San Francisco: No Starch Press.
9. Harris, D. (2021). Django for Beginners. Boston: Addison-Wesley.
10. Jones, R. (2021). Python Programming: An Introduction to Computer Science. Seattle: Beedle & Beedle.
11. Miller, L. (2020). Learning Python: Powerful Object-Oriented Programming. Sebastopol: O'Reilly Media.
12. Smith, A. (2022). Starting Out with Python. New York: Pearson.
13. White, T. (2020). Mastering PostgreSQL with Python. San Francisco: Packt Publishing.

Printed by Books on Demand GmbH, Norderstedt / Germany